Descubra Juegos Gratis Online

Disponibles Aquí:

BestActivityBooks.com/FREEGAMES

5 CONSEJOS PARA EMPEZAR

1) CÓMO RESOLVER LAS SOPA DE LETRAS

Los rompecabezas tienen un formato clásico:

- Las palabras se ocultan sin espacios ni guiones,...
- Orientación: Las palabras pueden escribirse hacia delante, hacia atrás, hacia arriba, hacia abajo o en diagonal (pueden estar invertidas).
- Las palabras pueden superponerse o cruzarse.

2) APRENDIZAJE ACTIVO

Junto a cada palabra hay un espacio para anotar la traducción. Para fomentar un aprendizaje activo, un **DICCIONARIO** al final de esta edición te permitirá comprobar y ampliar tus conocimientos. Busca y anota las traducciones, encuéntralas en el puzzle y añádelas a tu vocabulario!

3) MARCAR LAS PALABRAS

Puedes inventar tu propio sistema de marcado. ¿Quizás ya usas uno? También puedes, por ejemplo, marcar las palabras difíciles de encontrar con una cruz, las que te gustan con una estrella, las nuevas con un triángulo, las raras con un diamante, etc.

4) ESTRUCTURAR EL APRENDIZAJE

Esta edición ofrece un **CUADERNO DE NOTAS** muy práctico al final del libro. En vacaciones, de viaje o en casa, podrás organizar fácilmente tus nuevos conocimientos sin necesidad de un segundo cuaderno!

5) ¿HABÉIS TERMINADO TODAS LAS PARRILLAS?

En las últimas páginas de este libro, en la sección **DESAFÍO FINAL**, encontrarás un juego gratis!

¡Rápido y sencillo! Echa un vistazo a nuestra colección de libros de actividades para tu próximo momento de diversión y aprendizaje, ¡a sólo un clic de distancia!

Encuentre su próximo reto en:

BestActivityBooks.com/MiProximoLibro

En sus marcas, listos, ¡Ya!

¿Sabías que hay unas 7.000 lenguas diferentes en el mundo? Las palabras son preciosas.

Nos encantan los idiomas y hemos trabajado duro para crear libros de la más alta calidad para tí. ¿Nuestros ingredientes?

Una selección de temas adecuados para el aprendizaje, tres buenas porciones de entretenimiento, y luego añadimos una cucharada de palabras difíciles y una pizca de palabras raras. Los servimos con cariño y máxima diversión para que puedas resolver los mejores juegos de palabras y te diviertas aprendiendo!

Tu opinión es esencial. Puedes participar activamente en el éxito de este libro dejándonos un comentario. Nos encantaría saber qué es lo que más le ha gustado de esta edición.

Aquí hay un enlace rápido a tu página de pedidos:

BestBooksActivity.com/Opiniones50

Gracias por tu ayuda y diviértete!

Todo el equipo

1 - Ajedrez

```
T  E  K  T  G  N  S  R  W  Z  Y  X  P  W
U  K  L  P  M  V  T  P  E  O  O  M  D  E
R  H  U  A  T  Y  R  U  I  G  U  M  O  T
N  J  G  S  C  O  A  N  S  E  E  D  K  T
I  I  V  S  Q  R  T  K  S  G  L  L  Ö  B
E  R  B  I  P  V  E  T  G  N  E  F  N  E
R  O  V  V  A  L  G  E  W  E  R  N  I  W
S  C  H  A  M  P  I  O  N  R  N  B  G  E
T  C  Q  F  E  E  E  T  X  S  E  F  W  R
Y  R  H  K  Ö  N  I  G  I  N  N  U  S  B
X  J  S  W  S  P  I  E  L  E  R  P  B  Y
J  U  D  I  A  G  O  N  A  L  R  F  N  I
Z  C  R  K  G  R  F  Y  D  D  C  S  M  D
K  O  P  F  E  R  Z  E  I  T  K  F  U  A
```

LERNEN	GEGNER
WEISS	PASSIV
CHAMPION	PUNKTE
WETTBEWERB	REGELN
DIAGONAL	KÖNIGIN
STRATEGIE	KÖNIG
KLUG	OPFER
SPIEL	ZEIT
SPIELER	TURNIER
SCHWARZ	

2 - Agua

```
T A G C M Y F X C U H F J P
V O G E Y Y L E M B U E T E
Z E Y D Y F U A O E R U R H
F I R E X S T N E W R C I G
K S X D E K I F G Ä I H N Q
U Q R U U A X R Q S K T K I
L R V S U N F O S S A I B B
Q O F C G A S S E E N G A H
C B Z H U L F T E R R K R R
K O W E L L E N U U L E Z E
R Q X V A E U M S N Y I L G
F L U S S N C Q J G G T P E
Y R Y L S C H N E E N L G N
D A M P F T T M O N S U N A
```

KANAL
DUSCHE
VERDUNSTUNG
GEYSIR
FROST
EIS
FEUCHTIGKEIT
HURRIKAN
FEUCHT
FLUT

SEE
REGEN
MONSUN
SCHNEE
OZEAN
WELLEN
TRINKBAR
BEWÄSSERUNG
FLUSS
DAMPF

3 - Granja #2

```
S  N  B  O  N  T  S  A  L  B  N  F  W  B
C  F  I  B  C  R  K  U  W  A  J  N  E  E
H  G  E  S  K  A  R  C  J  U  M  Z  I  W
E  E  N  T  S  K  A  R  L  E  M  M  Z  Ä
U  M  E  G  S  T  F  V  A  R  S  C  E  S
N  Ü  N  A  C  O  M  A  I  S  C  V  N  S
E  S  S  R  H  R  M  I  L  C  H  D  Q  E
P  E  T  T  Ä  E  N  T  E  W  A  V  R  R
M  A  O  E  F  F  A  Y  K  I  F  E  Z  U
G  I  C  N  E  R  R  P  J  E  H  J  F  N
S  C  K  A  R  S  M  U  U  S  V  I  W  G
L  A  M  A  T  B  S  J  C  E  P  H  H  R
K  N  G  E  R  S  T  E  U  H  G  T  K  R
T  I  E  R  E  P  B  Q  N  M  T  S  G  T
```

BAUER	LAMA
TIERE	MAIS
GERSTE	SCHAF
BIENENSTOCK	SCHÄFER
ESSEN	ENTE
LAMM	WIESE
FRUCHT	BEWÄSSERUNG
SCHEUNE	TRAKTOR
OBSTGARTEN	WEIZEN
MILCH	GEMÜSE

4 - Mueble

```
G W N O U J G A B V H N B K
S S E S S E L T E A Ä N Ü K
F U T O N W A E T S N K C I
S M U U M C M P T C G K H S
P R A Y H L P P D H E E E S
I Z W T P L E I E R M N R E
E U Y O R M W C C E A Y R N
G T S Y A A V H K I T B E S
E R C M D T T X E B T R G B
L K H H H E N Z R T E E A B
V O R H A N G M E I X G L B
V A A C O U C H Y S N A U E
C P N C Z O X L T C O L Z T
D X K O M M O D E H B S W T
```

TEPPICH   SPIEGEL
KISSEN   BÜCHERREGAL
SCHRANK   REGAL
BANK   FUTON
BETT   HÄNGEMATTE
MATRATZE   LAMPE
VORHANG   STUHL
KOMMODE   SESSEL
BETTDECKE   COUCH
SCHREIBTISCH

5 - Pesca

```
K  H  Y  G  J  C  M  X  L  Q  K  X  A  L
Ö  R  F  T  E  B  H  C  S  U  I  C  U  O
D  R  L  W  H  W  Q  O  S  Ü  E  N  S  Z
E  F  O  W  A  U  I  M  R  B  M  I  R  E
R  W  S  G  K  K  C  C  S  E  E  K  Ü  A
W  A  S  S  E  R  D  J  H  R  N  O  S  N
X  Z  E  E  N  D  J  C  K  T  Z  R  T  S
Y  Q  N  R  H  G  U  Q  V  R  B  B  U  T
F  K  I  E  F  E  R  L  U  E  O  V  N  R
T  L  D  R  A  H  T  I  D  I  O  W  G  A
G  V  U  K  O  C  H  E  N  B  T  P  R  N
N  R  P  S  P  O  B  B  E  U  X  T  F  D
N  C  I  Z  S  M  H  U  L  N  H  F  C  G
U  T  F  Y  H  X  E  N  H  G  U  Y  T  N
```

WASSER	ÜBERTREIBUNG
FLOSSEN	HAKEN
BOOT	SEE
KIEMEN	KIEFER
DRAHT	OZEAN
KÖDER	GEDULD
KORB	GEWICHT
KOCHEN	STRAND
AUSRÜSTUNG	FLUSS

6 - Aviones

```
H D O P R O P E L L E R S D
I M F A H Ö H E H L U F T E
M R E S L A N D U N G G Q S
M W I S A B E N T E U E R I
E P W A S S E R S T O F F G
L I H G N A V I G I E R E N
M L D I G E S C H I C H T E
B O E E R I C H T U N G C L
A T T R A T M O S P H Ä R E
L C K O N S T R U K T I O N
L R R M R T U R B U L E N Z
O E L B H Z A Y F A D S D G
N W O M B R E N N S T O F F
V L C X G C L P S Q G Z N M
```

LUFT	BALLON
HÖHE	PROPELLER
LANDUNG	WASSERSTOFF
ATMOSPHÄRE	GESCHICHTE
ABENTEUER	MOTOR
HIMMEL	NAVIGIEREN
BRENNSTOFF	PASSAGIER
KONSTRUKTION	PILOT
RICHTUNG	CREW
DESIGN	TURBULENZ

7 - Tipos de Cabello

```
L W R M M W I B F W G T O W
O O E Q G E F L O C H T E N
C O C I L V U O W E L L I G
K A W K C J F N B R A U N Q
I N O H E H T D Ü N N R J Z
G A Q Y Z N S C H W A R Z Ö
A K E X S I L B E R E D O P
K A H L J G L Ä N Z E N D F
E N B Z D I C K L L O W V E
W E I S S F L C W A F A E P
I G E S U N D W K L N S S K
W G V T D G R A U Y K G S D
F R Y G O V X T R O C K E N
Y V G P Q R B V Z O A S V W
```

WEISS	WELLIG
GLÄNZEND	SILBER
KAHL	LOCKIG
KURZ	LOCKEN
DÜNN	BLOND
GRAU	GESUND
DICK	TROCKEN
LANG	WEICH
BRAUN	GEFLOCHTEN
SCHWARZ	ZÖPFE

8 - Ciencia Ficción

```
F B M E T U T O P I E T R G
E E Ü C E W W G K G J X O E
X I R C C P L A N E T R B H
P L U N H W E L T V M E O E
L L N S N E B A U O W A T I
O U O I O K R X Z R M L E M
S S B F L P D I H A Z I R N
I I X O O U E X K V S C I
O O G C G F F E U E R T E S
N N A K I N O V W L Y I X V
S P E T E M K Z N V Y S T O
I M A G I N Ä R H E H C R L
F A N T A S T I S C H H E L
F U T U R I S T I S C H M N
```

ATOMIC
KINO
FERN
EXPLOSION
EXTREM
FANTASTISCH
FEUER
FUTURISTISCH
GALAXIE
ILLUSION

IMAGINÄR
BÜCHER
GEHEIMNISVOLL
WELT
ORAKEL
PLANET
REALISTISCH
ROBOTER
TECHNOLOGIE
UTOPIE

9 - Juguetes

```
R F P V G W S Z F H D H D X
C O L K W W P C A R G Q R T
D U B U N U I L H B X T A Y
V T O O G Y E V R A L V C B
D N O H T Z L L R L C I H Ü
G K T X O E E P A L N H E C
J U Z Y N K R U D Z U G N H
L W C O N D M P G Z D K S E
S C C V H R O P U Z Z L E R
V R C X K X M E S K B P R A
P H A N T A S I E I A Y A G
Z F S C H L A G Z E U G Z J
J X P S S X O I J D T H N K
F A V O R I T M R J O H H N
```

SCHACH
TON
FLUGZEUG
BOOT
FAHRRAD
BALL
LKW
AUTO
DRACHEN

FAVORIT
PHANTASIE
SPIELE
BÜCHER
PUPPE
ROBOTER
PUZZLE
SCHLAGZEUG
ZUG

10 - Circo

```
X  F  T  E  X  K  X  M  U  S  I  K  Z  S
J  V  W  C  L  O  W  N  A  S  L  W  A  P
P  A  R  A  D  E  L  I  N  G  H  Z  U  E
K  O  S  T  Ü  M  F  B  I  L  I  Z  B  K
L  W  Z  U  S  C  H  A  U  E  R  E  E  T
M  Ö  T  I  E  R  E  B  N  A  M  I  R  A
F  S  W  A  K  R  O  B  A  T  I  G  E  K
T  F  P  E  Z  E  L  T  T  I  G  E  R  U
U  N  T  E  R  H  A  L  T  E  N  N  N  L
J  O  N  G  L  E  U  R  T  W  M  M  D  Ä
F  J  E  G  W  X  H  F  R  O  Q  E  X  R
K  C  C  G  T  B  R  S  I  T  K  H  V  P
B  A  L  L  O  N  S  D  C  A  F  F  E  K
X  N  C  A  N  F  U  J  K  U  N  W  B  J
```

AKROBAT	MAGIE
TIERE	ZAUBERER
ZELT	JONGLEUR
PARADE	AFFE
ELEFANT	ZEIGEN
UNTERHALTEN	MUSIK
SPEKTAKULÄR	CLOWN
ZUSCHAUER	TIGER
BALLONS	KOSTÜM
LÖWE	TRICK

11 - Rellenar

```
F V G H S Y P D X F R A Y T
A A J M R I K U L L I T Y A
S S B R R K P O W A N N E S
S E Y E H H P N K S I T T C
D R L I C D V V A C O W R H
W E T C S K R U G H M S E E
R O H R O A E I M E R F U G
E G A M V D P N B F D I Z Z
U M S C H L A G L O K K K E
E A X W R Y K P B W X O A R
U P E H T E E H U T F X R V
H P N I Y J T A B L E T T B
J E S C H U B L A D E X O W
K O F F E R U K D H U B N V
```

TABLETT	KORB
WANNE	EIMER
FASS	BECKEN
TASCHE	VASE
FLASCHE	KOFFER
BOX	PAKET
SCHUBLADE	UMSCHLAG
MAPPE	KRUG
KARTON	ROHR

12 - Granja #1

```
C Y L V L I R H B N C F Y B
Y K X K A L B L J R P A H A
H U H N N O E S Q P P H L W
E H Z Z D W D P C H P Z F U
L S I M K F A H A F V G H J
B J E J R E I S K A T Z E Y
E I G L Ä L X Q S A A T U J
C E E T H D O P F E R D I V
Z A U N E H O N I G R Z T B
E R M R E E D Ü N G E R W M
P Z U D R R H U N D E N R U
E S R E F D U P R D R A C V
F D Z V I E F U G X F K U L
L F C O G F Y O T O D Y M C
```

BIENE	HEU
WASSER	HONIG
REIS	HUND
ESEL	HUHN
PFERD	HERDE
ZIEGE	SAAT
FELD	KALB
KRÄHE	LAND
DÜNGER	KUH
KATZE	ZAUN

13 - Camping

```
W A L D G F Y I J V H V L G
P F U P U P U N A T U R A B
I E A S T I P S G F T H T Ä
A U E M R G M E D I X Ä E U
B E R G I Ü O K H K N N R M
K R T L M G S T J V B G N E
K A J B O D K T I E R E E V
A G N Y N T O J U C S M W X
B N Y U D T M E X N S A P C
I I W K K S P H M Y G T O D
N M N F N K A R T E P T R I
E J T N P Z S X P G S E I L
U G I C S S S D O Q S E K W
A B E N T E U E R H O H E D
```

TIERE	FEUER
ABENTEUER	HÄNGEMATTE
BÄUME	INSEKT
WALD	SEE
KOMPASS	LATERNE
KABINE	MOND
KANU	KARTE
JAGD	BERG
SEIL	NATUR
AUSRÜSTUNG	HUT

14 - Fruta

```
K X N P F I R S I C H V B K
O I Y Q H Z I T R O N E A A
K R W K Z I T R A U B E N N
O D E I A Q M E L O N E A A
S W P C I K A B X D J X N N
N U A B W I N N E R P A E A
U B P E M R G E G E F G D S
S I A E B S O K U J R H N S
S R Y R S C R T A O U E T A
D N A E A H A A V O C A D O
K E Z V Y E N R E E X C V S
F Q B V A I G I A P F E L F
X K D T T N E N S F W H G I
A P R I K O S E H O B D T X
```

AVOCADO
APRIKOSE
BEERE
KIRSCHE
KOKOSNUSS
HIMBEERE
GUAVE
KIWI
ZITRONE
MANGO

APFEL
PFIRSICH
MELONE
ORANGE
NEKTARINE
PAPAYA
BIRNE
ANANAS
BANANE
TRAUBE

15 - Geología

```
S R C I L K R I S T A L L E
S Ä V Q A F O S S I L C M S
W T U D V I S R K V S F I C
C X A R A G Z G A U T Y N H
H Ö H L E E V H L L A A E I
P H M Q A R R U Z K L G R C
I S K U G K S C I A A E A H
N X Q A M Y T O U N G Y L T
D T U R K N E I M X M S I C
J A C Z T U I C T S I I E D
E R O S I O N M O A T R N W
E R D B E B E N C L E O F D
K O N T I N E N T Z N O U U
T K M S F A P L A T E A U G
```

SÄURE
KALZIUM
SCHICHT
HÖHLE
KONTINENT
KORALLE
KRISTALLE
QUARZ
EROSION
STALAKTIT

STALAGMITEN
FOSSIL
GEYSIR
LAVA
PLATEAU
MINERALIEN
STEIN
SALZ
ERDBEBEN
VULKAN

16 - Plantas

```
P U H H Y R O J O R F X G E
I W J K J S G M L U L A U B
B A U M B E E R E E O K U Z
K X G A B O M I P K R A N W
B L A T T A H B E A A F T L
K G R A S X M N O K P Y R T
N Z T N K R K B E T R E O D
Q M E W S N T R U U A Y R M
W E N U M O O S T S Z N J Q
G F V R B U S C H D T P I N
P E S Z B L U M E Q Y P A K
D U J E V E G E T A T I O N
L W A L D Ü N G E R V H J O
B L Ü T E N B L A T T U W C
```

BUSCH	LAUB
BAUM	BOHNE
BAMBUS	EFEU
BEERE	GRAS
WALD	BLATT
BOTANIK	GARTEN
KAKTUS	MOOS
DÜNGER	BLÜTENBLATT
BLUME	WURZEL
FLORA	VEGETATION

17 - Suministros de Arte

```
B K R E A T I V I T Ä T S K
L K A B R F A R B E N J T A
E N D P K M D B N A K T U M
I O I S T A F F E L E I H E
S J E W A S S E R L P N L R
T B R S Q Q W D R D L T L A
I Ü G K I A A T J R K E B T
F R U X T O Ö P A P I E R O
T S M I H O L Z K O H L E N
E T M R D L O B T B O T R Y
Y E I M G E E B L U N R E P
B N G C E H E I N M Y E M P
M V Z P B T V N M F Q C G M
A C R Y L S T F H C L C I U
```

ÖL	FARBEN
ACRYL	KREATIVITÄT
WASSER	IDEEN
TON	BLEISTIFTE
RADIERGUMMI	TABELLE
STAFFELEI	PAPIER
HOLZKOHLE	LEIM
KAMERA	STUHL
BÜRSTEN	TINTE

18 - Jardín

```
I  D  R  H  G  V  Z  I  S  B  T  T  U  G
M  F  E  H  Ä  T  E  N  B  A  R  E  N  A
M  W  C  P  M  N  E  R  U  N  H  I  K  R
A  M  H  N  H  C  G  R  A  K  I  C  R  T
S  G  E  I  W  V  E  E  R  N  L  H  A  E
B  B  N  B  O  D  E  N  M  A  D  U  U  N
S  C  H  A  U  F  E  L  F  A  S  A  T  E
T  R  A  M  P  O  L  I  N  Y  T  S  M  H
H  H  J  C  O  B  S  T  G  A  R  T  E  N
K  Z  B  L  U  M  E  G  A  R  A  G  E  G
B  A  U  M  W  M  K  J  X  M  S  M  Y  R
L  U  S  C  H  L  A  U  C  H  E  H  J  A
A  N  C  I  P  R  P  Y  O  H  N  M  W  S
A  D  H  S  X  F  P  N  Q  N  L  R  R  V
```

BUSCH	GARTEN
BAUM	UNKRAUT
BANK	SCHLAUCH
RASEN	SCHAUFEL
TEICH	VERANDA
BLUME	RECHEN
GARAGE	BODEN
HÄNGEMATTE	TERRASSE
GRAS	TRAMPOLIN
OBSTGARTEN	ZAUN

19 - Países #2

```
P W R T R U W I R L A N D H
R A L B A N I E N Q N Z X A
A U K R A I N E S A R K C A
U Ä S I I N D O N E S I E N
S F T S S M E X I K O S J D
T R E H L T F I L I V Y Q Ä
R A D C I A A F A W V R J N
A N S Y P O N N O A B I A E
L K U O Y T P D S Z Y E M M
I R D S X I C I N G S N A A
E E A I X W P L E Z D T I R
N I N U G A N D A N D S K K
N C X O X L P O R T U G A L
J H M V R S A F O J A P A N
```

ALBANIEN	LAOS
AUSTRALIEN	MEXIKO
DÄNEMARK	PAKISTAN
ÄTHIOPIEN	PORTUGAL
FRANKREICH	RUSSLAND
INDONESIEN	SYRIEN
IRLAND	SUDAN
JAMAIKA	UKRAINE
JAPAN	UGANDA

20 - Tecnología

```
S O F T W A R E N S F B F H
V I R T U E L L A I S I O Q
S T C M B L O G C C D L R W
D I G I T A L K H H A D S K
C V B R O W S E R E T S C Q
V U Y U G T C K I R E C H T
F Z R C Y X H E C H I H U K
S F L S F G R Y H E K I N A
Y F S D O F I V T I C R G M
A A X A S R F J I T P M B E
S T A T I S T I K R A N Y R
W E S E G X A A R L U J T A
R E I N T E R N E T H S E K
V C O M P U T E R R G H S F
```

DATEI   FORSCHUNG
BLOG   NACHRICHT
BYTES   BROWSER
KAMERA   COMPUTER
CURSOR   BILDSCHIRM
DATEN   SICHERHEIT
DIGITAL   SOFTWARE
STATISTIK   VIRTUELL
SCHRIFTART   VIRUS
INTERNET

21 - Números

```
V I E R Z E H N N S N O E Y
Y K S I E B Z E H N E S D L
X C I E F N J O Z H U E V V
E L J A A J Y A W K N C I U
J R N S E C H Z E H N H E X
D R E I Z E H N I Y U S R O
F D A D K A F T Q G L R V W
Ü E Z W Ö L F Ü Z E L D J I
N Z A A I L B S N E Z E H N
F I D C D R E I B F H T B O
U M D H O Y X E E X Z N K L
N A C T Y F U B B O D E B Q
Z L T U T I N E U N Z E H N
Z W A N Z I G N F K R P D N
```

VIERZEHN	ZWÖLF
NULL	ZWEI
FÜNF	NEUN
VIER	ACHT
DEZIMAL	FÜNFZEHN
NEUNZEHN	SECHS
ACHTZEHN	SIEBEN
SECHZEHN	DREIZEHN
SIEBZEHN	DREI
ZEHN	ZWANZIG

22 - Mitología

```
V C G V Y L M L E G E N D E
I E G O T T H E I T E N O C
M K R E A T U R G H P C N U
I O L H K R I E G E R V N I
A S N D A H B E Z L R K E A
L Z T S B L I T Z D A P R R
A H G Ä T L T D G I C Z K C
Z H K Y R E R E C N H S R H
C V Q Y B K R W N J E T E E
S E H I M M E L H E L D A T
K A T A S T R O P H E X T Y
A I K U L T U R D B B P I P
S T E R B L I C H S L M O C
E I F E R S U C H T E J N J
```

ARCHETYP   KRIEGER
EIFERSUCHT   HELDIN
HIMMEL   HELD
VERHALTEN   LEGENDE
KREATION   MONSTER
KREATUR   STERBLICH
KULTUR   BLITZ
GOTTHEITEN   DONNER
KATASTROPHE   RACHE
STÄRKE

23 - Ecología

```
P G E M E I N S C H A F T N
N F L O R A H K T O V E M A
C A L Ü B E R L E B E N G T
G U T A C C O I R E G N R Ü
O N F U N L V M Y R E A E R
I A B Z R Z O A D G T C S L
M A R I N E E B X E A H S I
W S G W N U Z N V W T H O C
M G L V B K A A W L I A U H
U F O Y X O P H S C O L R Y
L E B E N S R A U M N T C T
V Y A D Ü R R E M F V I E G
Q N L U D U E K P B B G N A
W C V D V I E L F A L T B T
```

KLIMA	NATÜRLICH
GEMEINSCHAFT	NATUR
VIELFALT	SUMPF
ART	PFLANZEN
FAUNA	RESSOURCEN
FLORA	DÜRRE
GLOBAL	NACHHALTIG
LEBENSRAUM	ÜBERLEBEN
MARINE	VEGETATION
BERGE	

24 - Herramientas

```
H  G  F  H  N  Y  P  G  A  B  T  R  W  P
X  E  M  E  S  S  E  R  R  X  W  A  S  Q
N  T  F  F  T  G  J  C  A  C  T  S  C  L
I  O  K  T  T  H  O  T  D  G  K  I  H  A
F  A  C  K  E  L  R  L  E  I  T  E  R  N
M  C  H  L  L  R  Q  P  I  Q  H  R  A  Q
A  B  K  A  B  E  L  Z  A  N  G  E  U  N
W  T  M  M  S  C  H  E  R  E  E  R  B  X
A  K  B  M  H  L  P  M  G  P  J  A  E  U
J  H  W  E  H  S  C  H  A  U  F  E  L  M
E  E  D  R  T  E  O  Z  O  C  L  L  I  W
W  G  L  P  C  G  Q  M  B  S  E  I  L  W
Q  Q  P  P  I  H  I  Q  M  N  O  F  P  G
L  E  I  M  I  E  H  A  M  M  E  R  R  H
```

ZANGE
FACKEL
KABEL
MESSER
SEIL
LEITER
HEFTKLAMMER
HEFTER
AXT

HAMMER
RASIERER
SCHAUFEL
LEIM
LINEAL
RAD
SCHERE
SCHRAUBE

25 - Casa

```
T E P P I C H B Z V I P H B
F E N S T E R G A R T E N I
T Ü R Q A F D A C K S W W B
K M Y N J F J R J E C A A L
D U S C H E L A F L H S N I
A P I E X N R G P L L S D O
C K A M I N D E V E A E S T
H Y L B M Z A U N R F R P H
B W F D O S C A V G Z H I E
O K K E I D H M L L I A E K
D K Y Ü L D E E A N M H G U
E P A T C W O N M P M N E W
N M Q V H H J Y P I E Q L N
Z M D B D B E S E N R R W I
```

TEPPICH	WASSERHAHN
DACHBODEN	GARTEN
BIBLIOTHEK	LAMPE
KAMIN	WAND
KÜCHE	BODEN
SCHLAFZIMMER	TÜR
DUSCHE	KELLER
BESEN	DACH
SPIEGEL	ZAUN
GARAGE	FENSTER

26 - Artes Visuales

```
S T A F F E L E I W S S K O
B A K R E I D E C A K E R M
F P P K Y B F E E C U G E E
X O K H O L Z K O H L E A I
C R T Ü X E B Y N S P M T S
D T K O N I Z V T I T Ä I T
S R E F P S I W R Q U L V E
S Ä R I Q T T B G H R D I R
S T A L Z I O L A C K E T W
W T M M V F N F E G Y K Ä E
F W I U D T N N J R T V T R
M H K F S C H A B L O N E K
F M G O T Z I D T D B K N X
A R C H I T E K T U R H T M
```

TON	FOTO
ARCHITEKTUR	BLEISTIFT
KÜNSTLER	MEISTERWERK
LACK	FILM
STAFFELEI	GEMÄLDE
HOLZKOHLE	SCHABLONE
WACHS	STIFT
KERAMIK	PORTRÄT
KREATIVITÄT	KREIDE
SKULPTUR	

27 - Escuela #2

```
L E S E N I V S C H E R E X
W G W P T O G O Y A K K F W
K A L E N D E R R G J Y W B
B L E I S T I F T R M F I B
B I L D U N G S A F Ä Q S U
B Ü C H E R I Z B G I T S S
P A P I E R K S P I E L E C
K G R A M M A T I K O E N O
L I T E R A T U R J N H S M
E N E R N T U T C Y M R C P
I G R U C K S A C K Q E H U
D W Ö R T E R B U C H R A T
E Z B I B L I O T H E K F E
R A K A D E M I S C H V T R
```

AKADEMISCH   LESEN
BUS   BÜCHER
BIBLIOTHEK   LITERATUR
KALENDER   RUCKSACK
WISSENSCHAFT   COMPUTER
WÖRTERBUCH   PAPIER
BILDUNG   LEHRER
GRAMMATIK   KLEIDER
SPIELE   VORRÄTE
BLEISTIFT   SCHERE

28 - Selva Tropical

```
E I N H E I M I S C H Z U S
R H A R T R E S P E K T I Ä
W A M P H I B I E N U G X U
W E R T V O L L H Z D I O G
V I E L F A L T V D K E C E
D G E M E I N S C H A F T T
M S E U R V J E A K I B B I
A O C P U Z U F L U C H T E
W C O H B O T A N I S C H R
V O J S U N A T U R F B A E
Ö D L E I N S E K T E N P W
G N H K Q J G Q N B P M D W
E M D X E Ü B E R L E B E N
L E H C T N D K L I M A E L
```

AMPHIBIEN
BOTANISCH
KLIMA
GEMEINSCHAFT
VIELFALT
ART
EINHEIMISCH
INSEKTEN
SÄUGETIERE

MOOS
NATUR
WOLKEN
VÖGEL
ZUFLUCHT
RESPEKT
DSCHUNGEL
ÜBERLEBEN
WERTVOLL

29 - Colores

```
K  C  K  P  Z  X  W  E  I  S  S  C  K  S
R  O  S  A  U  R  X  V  U  W  B  J  K  E
U  T  R  Z  Q  R  S  C  H  W  A  R  Z  P
C  S  Y  U  H  E  P  W  K  N  D  O  G  I
E  N  I  R  O  T  F  U  C  H  S  I  E  A
B  C  Z  B  X  R  N  M  R  V  G  R  A  U
O  B  N  L  I  L  A  I  D  I  E  R  G  L
X  Z  Y  A  N  X  A  N  O  O  L  C  X  B
J  S  I  U  D  L  U  H  G  L  B  F  F  R
G  Y  L  W  I  M  B  U  Q  E  U  H  H  A
B  M  R  E  G  P  L  E  B  T  Y  Y  G  U
R  Z  B  O  O  F  A  C  I  T  E  N  V  N
T  J  N  H  Z  H  U  Z  G  G  G  R  Ü  N
U  Q  M  W  L  P  C  M  A  G  E  N  T  A
```

GELB	MAGENTA
BLAU	BRAUN
AZURBLAU	ORANGE
BEIGE	SCHWARZ
WEISS	LILA
PURPUR	ROT
ZYAN	ROSA
FUCHSIE	SEPIA
GRAU	GRÜN
INDIGO	VIOLETT

30 - Adjetivos #1

```
E  M  E  H  R  L  I  C  H  K  L  O  E  J
R  S  C  H  W  E  R  L  G  Q  Y  P  B  U
N  A  T  T  R  A  K  T  I  V  A  Z  L  A
S  H  C  V  A  G  R  O  S  S  Z  U  J  K
T  H  E  L  L  J  E  A  B  S  O  L  U  T
K  Y  Q  W  A  S  W  I  G  R  O  A  N  I
P  E  R  F  E  K  T  D  Z  Y  I  N  G  V
K  U  N  S  C  H  U  L  D  I  G  G  W  D
R  G  R  O  S  S  Z  Ü  G  I  G  S  I  U
M  O  D  E  R  N  C  J  G  R  T  A  C  N
R  I  E  S  I  G  V  N  H  H  X  M  H  K
B  F  A  R  O  M  A  T  I  S  C  H  T  E
T  W  E  R  T  V  O  L  L  X  X  P  I  L
D  S  C  O  L  R  T  O  D  C  U  B  G  P
```

ABSOLUT	WICHTIG
AKTIV	UNSCHULDIG
EHRGEIZIG	JUNG
AROMATISCH	LANGSAM
ATTRAKTIV	MODERN
HELL	DUNKEL
RIESIG	PERFEKT
GROSSZÜGIG	SCHWER
GROSS	ERNST
EHRLICH	WERTVOLL

31 - Familia

```
B  P  V  O  M  Z  K  C  F  I  N  M  T  T
Z  R  P  R  M  D  I  V  Z  T  E  Ü  G  A
M  F  U  M  N  F  N  Y  A  X  F  T  Y  N
G  R  H  D  V  I  D  H  M  T  F  T  K  T
R  B  Y  U  E  F  C  R  S  J  E  E  I  E
O  H  N  Y  T  R  M  H  G  M  T  R  N  K
S  Y  J  B  T  R  M  L  T  P  O  L  D  I
S  C  H  W  E  S  T  E  R  E  C  I  H  N
V  R  T  N  R  R  D  Q  M  N  H  C  E  D
A  E  H  E  F  R  A  U  U  K  T  H  I  E
T  O  N  K  E  L  C  G  T  E  E  P  T  R
E  L  W  D  O  U  N  V  T  L  R  J  Z  Q
R  V  O  R  F  A  H  R  E  S  X  D  W  E
E  H  E  M  A  N  N  A  R  O  A  Y  T  T
```

GROSSVATER	ENKEL
VORFAHR	KIND
EHEFRAU	KINDER
SCHWESTER	VATER
BRUDER	VETTER
TOCHTER	NICHTE
KINDHEIT	NEFFE
MUTTER	TANTE
EHEMANN	ONKEL
MÜTTERLICH	

32 - Disciplinas Científicas

```
P  P  B  Ö  A  H  G  R  B  N  C  O  A  B
S  H  I  A  K  E  Y  S  S  U  H  N  N  I
Y  Y  O  S  B  O  A  W  C  L  E  G  Y  O
C  S  C  T  O  M  L  N  E  L  M  S  L  L
H  I  H  R  T  E  X  O  A  H  I  A  I  O
O  O  E  O  A  C  W  P  G  T  E  E  N  G
L  L  M  N  N  H  R  U  N  I  O  J  G  I
O  O  I  O  I  A  E  H  K  M  E  M  U  E
G  G  E  M  K  N  G  E  O  L  O  G  I  E
I  I  D  I  S  I  W  A  N  B  Y  O  S  E
E  E  I  E  I  K  Z  X  C  R  Q  R  T  O
M  E  T  E  O  R  O  L  O  G  I  E  I  X
A  R  C  H  Ä  O  L  O  G  I  E  R  K  K
N  E  U  R  O  L  O  G  I  E  R  J  B  L
```

ANATOMIE   GEOLOGIE
ARCHÄOLOGIE   LINGUISTIK
ASTRONOMIE   MECHANIK
BIOLOGIE   METEOROLOGIE
BIOCHEMIE   NEUROLOGIE
BOTANIK   PSYCHOLOGIE
ÖKOLOGIE   CHEMIE
PHYSIOLOGIE

33 - Gatos

```
J  I  F  J  V  K  M  U  O  N  Q  J  V  C
P  D  Z  K  J  B  O  J  A  I  M  A  U  S
I  I  L  G  Ä  B  D  M  W  E  G  U  N  D
L  N  E  U  G  I  E  R  I  G  N  N  W  T
G  I  V  I  E  K  W  T  L  S  P  A  L  R
A  S  E  T  R  J  R  N  D  I  C  B  W  S
R  C  R  B  M  Z  G  A  X  T  E  H  E  C
N  H  S  F  E  L  L  M  L  I  F  Ä  N  H
A  L  P  K  H  V  A  N  R  L  G  N  I  N
O  A  I  V  I  Q  O  M  O  E  E  G  G  E
I  F  E  V  Q  P  B  L  M  N  Y  I  P  L
B  E  L  P  F  O  T  E  L  Q  N  G  Y  L
E  N  T  S  C  H  W  A  N  Z  J  N  Y  T
V  E  R  R  Ü  C  K  T  L  E  D  A  E  W
```

LIEBEVOLL	VERSPIELT
JÄGER	VERRÜCKT
SCHWANZ	PFOTE
NEUGIERIG	FELL
SCHLAFEN	WENIG
KRALLE	MAUS
KOMISCH	SCHNELL
GARN	WILD
UNABHÄNGIG	

34 - Cocina

```
S C H Ü R Z E E O P Z H N N
G W T S E T W S C G R I L L
E A A C Z P Z S S K R U G G
W S S H E M E S S E R K S A
Ü S S W P A C T R L N Ü S B
R E E A T D C Ä O L F H S E
Z R N M J J C B J E T L C L
E K H M E D M C P L J S H N
U O G Y O L X H W I M C Ü W
F C F L Ö F F E L W B H S I
E H P P W N E N S I K R S G
H E T L L H X N Z O Y A E D
L R S E R V I E T T E N L K
H P Y W Y T P T Y Y R K K Y
```

WASSERKOCHER   KRUG
ESSEN   ESSSTÄBCHEN
LÖFFEL   GRILL
KELLE   REZEPT
MESSER   KÜHLSCHRANK
SCHÜRZE   SERVIETTE
GEWÜRZE   TASSEN
SCHWAMM   SCHÜSSEL
OFEN   GABELN

35 - Escuela #1

```
M  I  T  T  A  G  E  S  S  E  N  J  N  P
A  N  T  W  O  R  T  E  N  K  A  B  N  R
K  L  A  S  S  E  N  Z  I  M  M  E  R  Ü
S  B  P  N  E  S  P  X  S  P  A  S  S  F
T  S  C  H  R  E  I  B  T  I  S  C  H  U
U  I  X  O  A  F  R  E  U  N  D  E  B  N
H  T  S  B  Z  B  L  E  H  R  E  R  L  G
L  M  O  R  D  N  E  R  D  I  C  E  E  E
Q  P  A  P  I  E  R  T  B  F  L  A  I  N
U  U  B  I  B  L  I  O  T  H  E  K  S  N
Z  R  I  Z  A  H  L  E  N  K  R  B  T  R
V  V  C  Z  B  Ü  C  H  E  R  N  B  I  O
B  L  D  O  S  T  I  F  T  E  E  Q  F  I
M  A  T  H  E  M  A  T  I  K  N  N  T  H
```

ALPHABET	PRÜFUNGEN
MITTAGESSEN	BLEISTIFT
FREUNDE	BÜCHER
LERNEN	MATHEMATIK
KLASSENZIMMER	ZAHLEN
BIBLIOTHEK	PAPIER
ORDNER	STIFTE
SPASS	LEHRER
SCHREIBTISCH	ANTWORTEN
QUIZ	STUHL

36 - Adjetivos #2

```
E  S  T  O  L  Z  K  G  O  B  I  G  R  I
N  A  T  Ü  R  L  I  C  H  E  G  E  B  H
E  L  E  G  A  N  T  R  F  R  I  S  C  H
J  Z  V  R  W  Q  S  E  M  Ü  N  U  P  I
V  I  J  K  S  P  J  A  Q  H  T  N  R  C
O  G  C  S  P  S  E  Q  P  M  E  D  O  F
Y  F  N  P  Ü  N  N  I  P  T  R  O  D  X
S  T  A  R  K  S  E  O  D  K  E  O  U  Z
C  W  Y  G  R  X  S  U  R  L  S  K  K  E
U  Ü  A  D  E  C  N  R  I  M  S  V  T  S
D  R  A  M  A  T  I  S  C  H  A  M  I  S
E  Z  V  Ü  T  V  D  R  E  T  N  L  V  B
D  I  U  D  I  Y  J  K  L  O  T  W  U  A
W  G  O  E  V  T  R  O  C  K  E  N  U  R
```

MÜDE
ESSBAR
KREATIV
DRAMATISCH
SÜSS
ELEGANT
BERÜHMT
FRISCH
STARK
INTERESSANT

NATÜRLICH
NORMAL
NEU
STOLZ
WÜRZIG
PRODUKTIV
SALZIG
GESUND
TROCKEN

37 - Cuerpo Humano

```
J  X  F  S  B  H  X  J  S  T  B  O  C  E
V  R  I  E  R  X  A  M  H  A  N  D  D  L
P  Q  N  Z  S  J  G  U  F  L  A  X  P  L
J  C  G  L  G  M  F  N  T  Z  S  C  U  B
C  E  E  B  E  C  U  D  I  O  E  L  M  O
Q  K  R  U  S  U  U  W  M  B  E  T  G
A  U  G  E  I  O  H  R  X  A  E  L  L  E
B  C  A  O  C  J  K  O  P  F  I  X  U  N
C  P  N  W  H  M  N  J  K  M  N  E  G  T
Y  T  G  M  T  I  I  M  I  I  X  O  E  P
S  C  H  U  L  T  E  R  D  S  N  U  H  J
H  E  R  Z  U  N  G  E  Q  E  N  N  I  N
L  S  H  L  C  K  N  Ö  C  H  E  L  R  T
H  A  L  S  N  U  N  Q  S  P  G  W  N  X
```

KINN	ZUNGE
MUND	HAND
KOPF	NASE
GESICHT	AUGE
GEHIRN	OHR
ELLBOGEN	HAUT
HERZ	BEIN
HALS	KNIE
FINGER	BLUT
SCHULTER	KNÖCHEL

38 - Ciencia

```
C D C Y Q H Z P H Y S I K F
T P L R I Q Y C N D A I O O
A T O M M W D P I D G N N S
M O L E K Ü L E O A D P P S
Y C J A E V O L U T I O N I
M E T H O D E H R E H O V L
A P A R T I K E L N N E C F
W R F C D L A B O R C Y S K
F C K L I M A J Y K K N F E
K G X T A T S A C H E U M T
B N G H I N A T U R P W B L
Q J N Z A C Z Y S I G S E K
I M W Y M I N E R A L I E N
E X P E R I M E N T N U E J
```

ATOM   HYPOTHESE
KLIMA   LABOR
DATEN   METHODE
EVOLUTION   MINERALIEN
EXPERIMENT   MOLEKÜLE
PHYSIK   NATUR
FOSSIL   PARTIKEL
TATSACHE   PFLANZEN

39 - Dinosaurios

```
S H L F P C U M X M F U P V
C L G G R E C D A J Q B R E
H C W Y Ä B K F Z M A R O R
W B F L H E N O R M M A Y S
A E M D I Y X S X G R U Q C
N U C H S A Q S A E K B T H
Z T E O T P F I Z E X V V W
H E G R O S S L V Y U O K I
V V F G R W Q I Ü K G G P N
S E O R I P G E N G Q E U D
A R T Ö S J V N W X E L N E
Q Q R S C R E P T I L L C N
R T A S H E V O L U T I O N
K A W E Q P E R D E P N B N
```

FLÜGEL	MAMMUT
SCHWANZ	PRÄHISTORISCH
VERSCHWINDEN	BEUTE
ENORM	RAUBVOGEL
ART	REPTIL
EVOLUTION	GRÖSSE
FOSSILIEN	ERDE
GROSS	

40 - Restaurante #2

```
M  F  I  S  C  H  F  P  B  J  K  W  P  V
G  I  R  G  S  C  E  R  Q  X  D  A  C  L
E  D  T  U  X  O  I  E  Q  A  D  S  A  H
T  I  G  T  C  K  U  C  H  E  N  S  J  D
R  O  E  M  A  H  L  I  T  U  X  E  W  R
Ä  B  M  R  P  G  T  G  E  W  Ü  R  Z  E
N  J  Ü  B  Y  K  E  L  L  N  E  R  S  M
K  P  S  R  U  G  G  S  Y  P  B  O  T  C
W  A  E  Z  S  A  L  Z  S  E  I  S  U  S
S  A  L  A  T  B  P  W  I  E  K  U  H  U
A  B  E  N  D  E  S  S  E  N  N  G  L  P
S  K  Ö  S  T  L  I  C  H  I  Y  X  G  P
X  N  J  V  O  R  S  P  E  I  S  E  E  E
L  Ö  F  F  E  L  K  Y  S  D  G  R  W  W
```

WASSER	FRUCHT
MITTAGESSEN	EIS
VORSPEISE	EIER
GETRÄNK	KUCHEN
KELLNER	FISCH
ABENDESSEN	SALZ
LÖFFEL	STUHL
KÖSTLICH	SUPPE
SALAT	GABEL
GEWÜRZE	GEMÜSE

41 - Profesiones #1

```
F  E  K  C  P  H  M  U  S  I  K  E  R  F
E  B  X  A  P  S  Y  C  H  O  L  O  G  E
U  A  W  T  R  C  C  C  G  K  E  S  R  B
E  N  T  H  P  T  P  B  S  X  M  E  E  O
R  K  F  L  X  L  O  O  R  G  P  E  C  T
W  I  E  E  H  R  C  G  R  P  N  M  H  S
E  E  I  T  Ä  N  Z  E  R  I  E  A  T  C
H  R  T  R  A  I  N  E  R  A  R  N  S  H
R  T  S  C  T  E  L  D  K  N  P  N  A  A
M  J  Ä  G  E  R  D  T  Y  I  P  H  N  F
A  D  N  D  V  B  B  I  I  S  E  Z  W  T
N  G  E  O  L  O  G  E  T  T  H  R  A  E
N  J  U  W  E  L  I  E  R  O  P  X  L  R
A  S  T  R  O  N  O  M  K  A  R  Z  T  Y
```

RECHTSANWALT	BOTSCHAFTER
ASTRONOM	TRAINER
ATHLET	KLEMPNER
TÄNZER	GEOLOGE
BANKIER	JUWELIER
FEUERWEHRMANN	SEEMANN
KARTOGRAPH	MUSIKER
JÄGER	PIANIST
ARZT	PSYCHOLOGE
EDITOR	

42 - Vehículos

```
B U S U K B F T A X I U U W
L O Z B R O L R V F Q V B O
O K A A A O U A J A U T O H
K L W H N T G K U H N R O N
Z E D N K W Z T J R A A T W
Q W N V E Q E O X R A K V A
M Z B O N B U R V A L E S G
P U S S W L G E M D A T M E
B M Y H A Q T I T O P E F N
Z B Z U G Z K F G J T T Ä U
U Z J Y E T M E N M Z O H K
B V T T N C R N Q O L Y R A
F L O S S M A K I T G W E Z
T C H U B S C H R A U B E R
```

KRANKENWAGEN	FÄHRE
BUS	VAN
FLUGZEUG	HUBSCHRAUBER
FLOSS	U-BAHN
BOOT	MOTOR
FAHRRAD	REIFEN
LKW	U-BOOT
WOHNWAGEN	TAXI
AUTO	TRAKTOR
RAKETE	ZUG

43 - Vacaciones #2

```
A F Q N Z X X E U G J K C P
V O R L T F B T R U L A X F
K F U T P I Y S L X V R K O
Z M O N E O I P A S S T H T
F R E I Z E I T U M R E O O
F E Y E G A N R B Z E L T S
L S K P R U S A R P A G E T
U T C C J S E N F E L Y L R
G A Z I E L L S B E I Q X A
H U E U J Ä B P E S N S Z N
A R V N G N I O R T T Y E D
F A C S G D S R G V I S U M
E N F T S E L T E A U P T X
N T X W J R A U T A X I T Q
```

FLUGHAFEN	FREIZEIT
ZELT	PASS
ZIEL	STRAND
AUSLÄNDER	RESTAURANT
FOTOS	TAXI
HOTEL	TRANSPORT
INSEL	ZUG
KARTE	URLAUB
MEER	REISE
BERGE	VISUM

44 - Cumpleaños

```
G K A L E N D E R H G Z J H
K E R Z E N V O X U E K U Y
A S T D D Z U Z Y W I F N P
E M X J G E S C H E N K G Z
K G Y A Y I P B N I L U G R
H A F H R T E U M S A C L F
S I R R V A Z P U H D H Ü R
J D E T I G I Y E E U E C E
F K U E E O A L V I N N K U
Q E D C H N L I E T G Y L N
V T I Y Z E Q E P R E C I D
U T G E M L M D O A N J C E
K L P A R T E I Z I G E H A
E R I N N E R U N G E N N L
```

FREUDIG   EINLADUNGEN
FREUNDE   JUNG
JAHR   PARTEI
LERNEN   KUCHEN
KALENDER   ERINNERUNGEN
LIED   GESCHENK
FEIER   WEISHEIT
TAG   KARTEN
SPEZIAL   ZEIT
GLÜCKLICH   KERZEN

45 - Baile

```
B A K A D E M I E U E Q E K
T E K U N S T G H M J J M L
M R W A A A Y F L F X P O A
U T A E G M N O A C S O T S
S Z Y D G A I M H P M S I S
I S Q A I U U R U I X P O I
K F P A R T N E R T P R N S
P A C J I X I G J E R I T C
Q W V P K K U O P G O N J H
E H A L T U N G N Q B G D C
D V W B N L F O M E E E Z V
V O R H Y T H M U S L N Q R
B Z R U K U L T U R E L L L
K Ö R P E R F R E U D I G O
```

AKADEMIE	ANMUT
FREUDIG	BEWEGUNG
KUNST	MUSIK
KLASSISCH	HALTUNG
KÖRPER	RHYTHMUS
KULTUR	SPRINGEN
KULTURELL	PARTNER
EMOTION	TRADITIONELL
PROBE	

46 - Matemáticas

```
E  X  P  O  N  E  N  T  E  R  E  B  J  L
U  D  R  F  Q  Z  P  A  R  A  L  L  E  L
D  B  H  W  R  A  P  U  J  D  C  S  U  A
D  R  E  I  E  C  K  K  X  I  E  P  B  Q
E  U  V  N  V  F  G  O  A  U  G  O  X  C
Z  C  U  K  J  Z  U  C  G  S  W  L  Z  H
I  H  S  E  X  L  P  D  Z  E  N  Y  A  U
M  T  G  L  E  I  C  H  U  N  G  G  H  M
A  E  H  D  N  V  E  Z  K  K  X  O  L  F
L  I  Z  B  U  O  P  Q  U  R  U  N  E  A
X  L  D  P  L  J  H  B  G  E  Z  S  N  N
R  E  C  H  T  E  C  K  E  C  Z  M  P  G
Q  U  A  D  R  A  T  G  L  H  M  O  C  D
R  B  L  H  G  E  O  M  E  T  R  I  E  J
```

WINKEL	GEOMETRIE
UMFANG	ZAHLEN
QUADRAT	PARALLEL
DEZIMAL	SENKRECHT
GLEICHUNG	POLYGON
KUGEL	RADIUS
EXPONENT	RECHTECK
BRUCHTEIL	DREIECK

47 - Restaurante #1

```
R  J  C  K  H  S  S  G  T  S  K  H  I  Q
E  K  R  A  O  U  C  M  E  E  A  C  M  U
S  C  F  F  B  X  H  J  L  R  S  T  E  K
E  U  O  F  B  B  Ü  N  L  V  S  S  W  E
R  Z  J  E  G  R  S  V  E  I  I  W  E  M
V  T  F  E  W  O  S  K  R  E  E  H  R  N
I  M  E  N  Ü  T  E  E  I  T  R  Y  R  E
E  E  M  H  R  T  L  L  I  T  E  A  T  D
R  S  X  J  Z  V  A  L  L  E  R  G  I  E
U  S  M  D  I  O  O  N  K  Ü  C  H  E  S
N  E  O  O  G  B  S  E  T  L  X  D  U  S
G  R  M  S  T  G  O  R  Q  I  D  O  G  E
F  L  E  I  S  C  H  I  S  Q  G  S  C  R
G  R  Z  W  H  E  L  N  U  H  T  E  C  T
```

ALLERGIE	BROT
KAFFEE	WÜRZIG
KASSIERER	TELLER
KELLNERIN	HUHN
FLEISCH	DESSERT
KÜCHE	RESERVIERUNG
ESSEN	SOSSE
MESSER	SERVIETTE
MENÜ	SCHÜSSEL

48 - Profesiones #2

```
Z  B  Z  A  H  N  A  R  Z  T  N  E  I  L
O  X  T  I  S  G  Ä  R  T  N  E  R  L  I
O  I  W  G  N  T  L  E  J  Y  W  F  L  N
L  F  O  T  O  G  R  A  F  E  T  I  U  G
O  M  F  T  Q  F  E  O  O  B  U  N  S  U
G  Y  X  N  O  R  Q  N  N  B  K  D  T  I
E  I  B  F  V  N  B  R  I  A  Z  E  R  S
P  H  I  L  O  S  O  P  H  E  U  R  A  T
I  L  O  B  A  R  Z  T  N  H  U  T  T  S
L  E  L  U  E  L  S  O  D  S  A  R  O  I
O  H  O  F  P  W  Z  C  H  I  R  U  R  G
T  R  G  O  M  I  V  Z  H  A  W  S  P  Z
W  E  E  Z  D  B  M  A  L  E  R  Z  H  S
F  R  D  E  T  E  K  T  I  V  R  K  B  P
```

ASTRONAUT	ERFINDER
BIOLOGE	FORSCHER
CHIRURG	GÄRTNER
ZAHNARZT	LINGUIST
DETEKTIV	ARZT
PHILOSOPH	PILOT
FOTOGRAF	MALER
ILLUSTRATOR	LEHRER
INGENIEUR	ZOOLOGE

49 - Senderismo

```
N J W B E R G W X C Z S A S
Z F C A C L J C K A R T E T
J G E M S P V I I M F V F I
J E N B P S L K Z P I G Ü E
G I P F E L E Z W I L D H F
P A R K S D O R N N E G R E
I W Q B S N F E A G M J E L
S C H W E R U O T O E Ü R K
N T M K L I M A U C Q U D K
Y P E L M T P T R I J E R E
B O R I E N T I E R U N G T
F A X P N I E E S O N N E V
G M J P Q E A R O V B K U N
B T C E W Y G E Z F R F O R
```

KLIPPE   KARTE
WASSER   BERG
TIERE   NATUR
STIEFEL   ORIENTIERUNG
CAMPING   PARKS
MÜDE   SCHWER
KLIMA   STEINE
GIPFEL   WILD
FÜHRER   SONNE

50 - Naturaleza

```
T  I  D  U  N  B  W  O  L  K  E  N  C  O
U  I  B  P  I  I  I  C  Z  I  Z  E  V  D
K  C  E  A  P  E  L  N  L  V  P  B  Y  Y
O  S  R  R  Y  N  D  H  E  I  T  E  R  N
P  U  O  K  E  E  T  O  L  O  H  L  W  A
I  B  S  T  W  N  K  R  W  F  E  Z  V  M
O  M  I  I  Y  R  H  O  O  B  I  K  P  I
W  D  O  S  C  H  U  T  Z  P  L  R  A  S
Ü  A  N  L  A  U  B  S  O  F  I  J  B  C
S  G  L  E  T  S  C  H  E  R  G  S  T  H
T  H  P  D  F  L  U  S  S  C  T  Q  C  M
E  S  C  H  Ö  N  H  E  I  T  U  D  U  H
F  R  I  E  D  L  I  C  H  R  M  M  G  S
L  E  B  E  N  S  W  I  C  H  T  I  G  I
```

BIENEN	NEBEL
TIERE	WOLKEN
ARKTIS	FRIEDLICH
SCHÖNHEIT	SCHUTZ
WALD	FLUSS
WÜSTE	WILD
DYNAMISCH	HEILIGTUM
EROSION	HEITER
LAUB	TROPISCH
GLETSCHER	LEBENSWICHTIG

51 - Vacaciones #1

```
R  E  G  E  N  S  C  H  I  R  M  R  F  N
D  O  F  A  H  R  K  A  R  T  E  Z  L  N
Y  O  U  U  H  A  B  R  E  I  S  E  U  S
S  Y  B  T  T  V  B  M  J  N  E  N  G  P
R  C  A  U  E  V  A  U  T  O  E  T  Z  I
S  U  H  U  T  M  H  S  O  T  D  S  E  Q
C  G  C  W  N  U  K  E  U  A  Q  P  U  X
U  Y  O  K  I  S  S  U  R  E  R  A  G  Z
Z  O  L  L  S  M  V  M  I  U  L  N  P  Z
O  S  M  U  N  A  M  H  S  I  N  N  K  P
K  O  F  F  E  R  C  E  T  E  F  U  D  E
W  Ä  H  R  U  N  G  K  N  L  R  N  R  I
E  X  P  E  D  I  T  I  O  N  W  G  F  E
S  T  R  A  S  S  E  N  B  A  H  N  H  K
```

ZOLL	WÄHRUNG
FLUGZEUG	MUSEUM
FAHRKARTE	SCHWIMMEN
AUTO	REGENSCHIRM
EXPEDITION	ENTSPANNUNG
ROUTE	ABREISE
SEE	STRASSENBAHN
KOFFER	TOURIST
RUCKSACK	

52 - Conduciendo

```
P  L  E  G  P  Q  S  G  Q  F  Y  N  T  G
B  O  I  F  U  R  R  X  G  U  F  V  U  R
R  Q  L  Z  W  Q  L  U  H  B  T  D  N  M
E  X  G  I  E  P  K  N  M  B  Z  I  N  O
M  N  W  A  Z  N  W  F  K  A  R  T  E  T
S  E  P  U  R  E  Z  A  A  S  K  X  L  O
E  Z  L  T  R  A  I  L  G  E  F  A  H  R
N  O  S  O  F  B  G  L  B  A  I  V  V  R
M  O  T  O  R  C  A  E  P  Z  R  U  E  A
P  B  R  E  N  N  S  T  O  F  F  N  R  D
F  U  A  M  M  Q  S  K  U  R  R  I  K  D
R  S  S  I  C  H  E  R  H  E  I  T  E  K
F  U  S  S  G  Ä  N  G  E  R  L  M  H  T
U  L  E  T  R  A  N  S  P  O  R  T  R  V
```

UNFALL	KARTE
BUS	MOTORRAD
STRASSE	MOTOR
LKW	FUSSGÄNGER
AUTO	GEFAHR
BRENNSTOFF	POLIZEI
BREMSEN	SICHERHEIT
GARAGE	TRANSPORT
GAS	VERKEHR
LIZENZ	TUNNEL

53 - Ballet

```
P  E  T  B  P  U  B  L  I  K  U  M  F  K
C  R  K  O  M  P  O  N  I  S  T  A  Ä  A
H  Q  A  S  O  L  O  G  E  S  T  E  H  N
O  H  S  X  H  N  B  Y  P  L  Ä  P  I  R
R  W  Z  O  I  M  U  S  I  K  N  N  G  H
E  P  I  N  K  S  K  W  N  E  Z  G  K  Y
O  K  R  T  E  C  H  N  I  K  E  G  E  T
G  P  C  O  S  T  I  L  B  V  R  U  I  H
R  C  H  N  B  M  U  S  K  E  L  X  T  M
A  K  I  N  T  E  N  S  I  T  Ä  T  L  U
P  O  R  C  H  E  S  T  E  R  T  J  D  S
H  M  Z  R  C  M  Z  A  P  P  L  A  U  S
I  A  U  S  D  R  U  C  K  S  V  O  L  L
E  B  A  L  L  E  R  I  N  A  P  N  U  E
```

APPLAUS	FÄHIGKEIT
PUBLIKUM	INTENSITÄT
BALLERINA	MUSKEL
TÄNZER	MUSIK
KOMPONIST	ORCHESTER
CHOREOGRAPHIE	PRAXIS
PROBE	RHYTHMUS
STIL	SOLO
AUSDRUCKSVOLL	TECHNIK
GESTE	

54 - Aventura

```
S C H Ö N H E I T V Z L K V
B C P Y A A U S F L U G S O
I E A K T I V I T Ä T N I R
B A G F U N E U N D Q A C B
C M E E R C C O Z V V V H E
B Z F J I E H H I S T I E R
V F Ä F Y S U A Z A R G R E
W Y H G G I T D N C B A H I
R Q R H H B O E E C P T E T
O D L M T H Y B R A E I I U
U Z I E L I B L F U X O T N
T L C F R E U N D E N N V G
E W H P Y T Y D O E N G F I
Ü B E R R A S C H E N D P Q
```

AKTIVITÄT	NATUR
FREUDE	NAVIGATION
FREUNDE	NEU
SCHÖNHEIT	CHANCE
ZIEL	GEFÄHRLICH
BEGEISTERUNG	VORBEREITUNG
AUSFLUG	SICHERHEIT
ROUTE	ÜBERRASCHEND

55 - Pájaros

```
F G A N S P K R Ä H E N T E
A R D I T A K P E L I K A N
L E L R R P F U I S P A T Z
K I E O A A L S C N D T A Z
E H R L U G A U E K G O Y L
B E F I S E M A M L U U N J
Y R G O S I I J G I M C I V
R Q V V C L N V V D Ö A K N
H U H N H S G O E K W N T G
D Y T V W T O E I G E W K U
N O R F A O A Y B Y H P L F
Y L E M N R Z U G S V S L C
R Q I A P C N Z B C W Z Z Z
J S K N M H Y L B E B O R W
```

STRAUSS	SPATZ
ADLER	FALKE
STORCH	EI
SCHWAN	PAPAGEI
KUCKUCK	TAUBE
KRÄHE	ENTE
FLAMINGO	PELIKAN
GANS	PINGUIN
REIHER	HUHN
MÖWE	TOUCAN

56 - Playa

```
I  O  Z  M  K  R  A  B  B  E  L  R  T  U
R  F  M  Y  Z  S  O  N  L  S  V  E  H  R
S  E  G  E  L  B  O  O  T  A  V  G  P  L
L  F  G  D  G  S  P  V  Z  N  U  E  R  A
T  X  V  U  S  D  X  T  G  D  I  N  H  U
K  S  C  H  W  I  M  M  E  N  S  S  M  B
K  Ü  S  T  E  L  A  G  U  N  E  C  E  F
C  K  O  S  I  D  M  Y  R  D  N  H  E  R
S  A  N  D  A  L  E  N  K  Y  Z  I  R  V
W  Q  N  G  D  O  B  O  O  T  Q  R  I  B
N  B  E  B  A  J  Z  Z  K  P  K  M  F  U
R  C  O  R  P  A  I  E  E  V  L  S  F  C
H  A  N  D  T  U  C  H  A  J  T  U  W  R
X  U  V  N  N  H  K  X  I  N  S  E  L  P
```

SAND	SCHWIMMEN
RIFF	OZEAN
BLAU	REGENSCHIRM
BOOT	SANDALEN
KRABBE	SONNE
KÜSTE	HANDTUCH
INSEL	URLAUB
LAGUNE	SEGELBOOT
MEER	

57 - Surf

```
N  B  P  D  D  F  F  E  N  O  B  B  R  V
C  E  X  T  R  E  M  F  X  S  Z  O  A  O
R  L  T  T  G  K  V  W  E  T  T  E  R  Y
K  I  N  J  N  X  J  O  C  I  K  M  A  N
U  E  F  S  P  A  D  D  E  L  T  E  R  N
Z  B  E  F  A  T  H  L  E  T  T  N  Y  P
I  T  A  N  F  Ä  N  G  E  R  S  G  O  Q
W  W  S  C  H  W  I  M  M  E  N  E  B  C
E  L  P  T  S  T  Ä  R  K  E  C  N  B  C
L  X  A  P  R  T  W  S  L  K  I  E  Q  P
L  M  S  P  R  A  Y  T  S  C  H  A  U  M
E  X  S  P  P  E  N  M  A  G  E  N  O  I
S  A  E  B  A  P  L  D  N  K  O  H  M  N
C  H  A  M  P  I  O  N  E  J  Z  P  O  N
```

RIFF	MENGEN
ATHLET	SCHWIMMEN
CHAMPION	OZEAN
WETTER	WELLE
SPASS	STRAND
SCHAUM	BELIEBT
STIL	ANFÄNGER
MAGEN	PADDEL
EXTREM	SPRAY
STÄRKE	

58 - Geografía

```
R  H  Z  J  M  S  G  F  T  I  N  S  E  L
P  E  Q  Q  H  H  E  L  E  B  E  R  G  I
P  I  G  D  A  J  B  U  K  R  K  L  H  G
K  N  N  I  Y  N  I  S  M  E  H  A  E  H
S  A  O  K  O  V  E  S  K  I  Ö  N  O  E
N  Ü  R  E  M  N  T  R  N  T  H  D  K  B
F  S  D  T  S  T  A  D  T  E  E  E  H  B
E  S  E  E  E  K  O  N  T  I  N  E  N  T
M  R  N  W  N  M  E  R  I  D  I  A  N  X
L  Ä  N  G  E  N  G  R  A  D  W  T  G  W
W  U  N  K  X  X  Z  H  U  W  E  L  T  Y
M  E  E  R  B  U  V  A  J  F  S  A  F  M
H  E  M  I  S  P  H  Ä  R  E  T  S  D  B
M  V  K  Y  H  I  F  U  C  C  P  M  H  B
```

HÖHE	MERIDIAN
ATLAS	BERG
STADT	WELT
KONTINENT	NORDEN
HEMISPHÄRE	WEST
INSEL	LAND
BREITE	REGION
LÄNGENGRAD	FLUSS
KARTE	SÜDEN
MEER	GEBIET

59 - Deportes

```
F  I  P  V  H  S  B  G  A  F  P  D  M  G
Y  B  O  K  O  O  Q  O  E  E  X  H  A  E
F  A  H  R  R  A  D  L  Z  Q  M  T  N  W
I  V  S  I  S  Q  Q  F  V  T  G  K  N  I
S  N  R  W  L  O  W  J  E  R  W  G  S  N
T  P  H  Z  A  U  A  S  I  A  K  Y  C  N
A  K  I  G  Y  M  N  A  S  I  U  M  H  E
D  U  S  E  R  V  D  N  H  N  T  N  A  R
I  Y  L  R  L  U  Z  D  O  E  E  A  F  H
O  S  P  I  E  L  E  R  C  R  N  S  T  D
N  A  T  H  L  E  T  Y  K  S  N  T  V  Q
B  A  S  E  B  A  L  L  E  V  I  I  K  C
B  E  W  E  G  U  N  G  Y  X  S  K  Y  V
S  C  H  W  I  M  M  E  N  J  H  N  F  T
```

ATHLET	GYMNASIUM
BASEBALL	GOLF
FAHRRAD	EISHOCKEY
TRAINER	SPIEL
MANNSCHAFT	SPIELER
STADION	BEWEGUNG
GEWINNER	SCHWIMMEN
GYMNASTIK	TENNIS

60 - Actividades

```
A K H S W T O G E M Ä L D E
K U K P A S K A A O G G N K
T N U I N T E R E S S E N P
I S N E D I P T E D J A G D
V T S L E O D E N F R R H F
I L T E R U G N T O G B K Ä
T E H O N F C A S T H F E H
Ä S A Q K Ä U R P O A R R I
T E N V P E H B A G N E A G
X N D D N Z Y E N R G I M K
O K W O N K N I N A E Z I E
O U E I V K I T U F L E K I
V E R G N Ü G E N I N I V T
Y V K M A G I E G E P T P D
```

AKTIVITÄT
KUNST
KUNSTHANDWERK
JAGD
KERAMIK
NÄHEN
FOTOGRAFIE
FÄHIGKEIT
INTERESSEN
GARTENARBEIT

SPIELE
LESEN
MAGIE
FREIZEIT
ANGELN
GEMÄLDE
VERGNÜGEN
ENTSPANNUNG
WANDERN

61 - Verduras

```
X  W  B  L  K  A  Z  H  N  S  M  I  A  N
K  S  R  Z  F  A  A  J  I  R  R  K  Y  Y
A  P  O  G  U  R  K  E  N  Ü  W  S  S  P
R  I  K  C  S  E  Ü  O  G  B  H  E  A  E
T  N  K  L  H  T  R  C  W  E  P  I  L  Z
O  A  O  C  L  T  B  I  E  P  E  Z  A  S
F  T  L  Z  M  I  I  I  R  E  T  K  T  E
F  M  I  L  E  C  S  I  U  R  E  T  K  L
E  L  G  O  G  H  M  P  Q  B  R  O  A  L
L  T  O  M  A  T  E  Q  Y  S  S  L  R  E
A  U  B  E  R  G  I  N  E  E  I  I  O  R
K  N  O  B  L  A  U  C  H  B  L  V  T  I
Z  W  I  E  B  E  L  J  W  V  I  E  T  E
A  R  T  I  S  C  H  O  C  K  E  H  E  V
```

KNOBLAUCH	INGWER
ARTISCHOCKE	RÜBE
SELLERIE	OLIVE
AUBERGINE	KARTOFFEL
BROKKOLI	GURKE
KÜRBIS	PETERSILIE
ZWIEBEL	RETTICH
SALAT	PILZ
SPINAT	TOMATE
ERBSE	KAROTTE

62 - Instrumentos Musicales

```
Z  P  O  S  A  U  N  E  X  M  K  W  Z  M
O  H  B  M  C  G  E  I  G  E  L  T  L  U
T  Z  O  S  E  H  B  Y  T  P  A  R  Z  N
A  C  E  D  L  U  M  O  O  V  O  C  D
M  X  T  N  L  H  O  A  M  X  I  M  O  H
B  A  I  J  O  M  I  R  G  Q  E  M  F  A
U  A  N  Y  I  U  Z  I  I  Z  R  E  Q  R
R  T  N  D  V  N  W  M  T  G  E  L  F  M
I  K  Z  J  O  Z  E  B  A  Y  H  U  A  O
N  W  U  K  O  L  H  A  R  F  E  C  G  N
Q  V  E  W  Q  E  I  G  R  L  G  A  O  I
S  A  X  O  P  H  O  N  E  Ö  O  M  T  K
T  R  O  M  P  E  T  E  E  T  N  B  T  A
K  L  A  R  I  N  E  T  T  E  G  O  B  T
```

MUNDHARMONIKA	OBOE
HARFE	TAMBURIN
BANJO	SCHLAGZEUG
KLARINETTE	KLAVIER
FAGOTT	SAXOPHON
FLÖTE	TROMMEL
GONG	POSAUNE
GITARRE	TROMPETE
MANDOLINE	GEIGE
MARIMBA	CELLO

63 - Escalada

```
X  F  S  T  I  E  F  E  L  W  T  Y  V  A
P  V  C  E  X  P  E  R  T  E  N  L  E  U
B  V  H  A  N  D  S  C  H  U  H  E  R  S
C  K  M  H  Ö  H  E  E  V  U  U  F  L  B
S  D  A  T  M  O  S  P  H  Ä  R  E  E  I
H  T  L  S  P  H  L  K  H  M  G  W  T  L
M  G  A  J  R  H  I  X  E  N  M  A  Z  D
H  X  K  B  S  Ö  Y  E  L  E  G  N  U  U
R  Q  P  N  I  H  S  S  M  G  L  D  N  N
O  D  V  K  A  L  R  T  I  L  O  E  G  G
P  C  P  A  H  E  I  F  Ä  S  L  R  A  B
F  Ü  H  R  E  R  R  T  T  R  C  N  H  M
X  J  W  T  M  O  Y  E  Ä  P  K  H  P  V
D  P  N  E  U  G  I  E  R  T  W  E  F  B
```

HÖHE	PHYSISCH
ATMOSPHÄRE	AUSBILDUNG
STIEFEL	STÄRKE
HELM	HANDSCHUHE
HÖHLE	FÜHRER
NEUGIER	VERLETZUNG
STABILITÄT	KARTE
SCHMAL	WANDERN
EXPERTE	

64 - Mascotas

```
M  A  K  N  C  S  N  K  G  M  L  W  Y  T
G  U  D  Z  S  C  K  A  T  Z  E  L  S  E
Q  V  B  D  S  H  E  G  N  D  I  P  C  O
P  W  X  Y  D  W  H  Y  H  L  N  I  H  F
T  F  H  I  G  A  M  A  U  S  E  D  I  H
F  G  O  P  B  N  S  L  S  V  L  P  L  I
C  R  P  T  Z  Z  I  E  G  E  F  A  D  F
A  G  K  D  E  A  F  A  I  I  H  P  K  K
H  A  F  H  U  N  D  I  O  D  D  A  R  R
K  R  A  G  E  N  N  P  S  E  A  G  Ö  A
Z  A  W  A  S  S  E  R  Q  C  U  E  T  L
H  A  M  S  T  E  R  K  Q  H  H  I  E  L
K  E  S  S  E  N  Y  U  H  S  Q  L  G  E
J  O  E  Z  I  P  A  H  W  E  L  P  E  N
```

WASSER	HAMSTER
ZIEGE	EIDECHSE
WELPE	PAPAGEI
SCHWANZ	PFOTEN
KRAGEN	HUND
ESSEN	FISCH
HASE	MAUS
LEINE	SCHILDKRÖTE
KRALLEN	KUH
KATZE	

65 - Formas

```
L R E C H T E C K B U N A P
I Z Y L I N D E R O V A L O
N J K F K X R V U G F P O L
I M P R R Q E M S E I T E Y
E D Y E O P I O J N W H B G
U M R K Y T E Q S X B Y I O
D P A G E R C Q X O M P K N
A K M M C O K P N D G E E W
M B I S K P R I S M A R G Ü
P J D C E U K U R V E B E R
K R E I S K G P P B J E L F
Q U A D R A T E M O F L H E
E L L I P S E U L R N B D L
F C R S K A N T E N B M J D
```

BOGEN
KANTEN
ZYLINDER
KREIS
KEGEL
QUADRAT
WÜRFEL
KURVE
ELLIPSE
KUGEL

ECKE
HYPERBEL
SEITE
LINIE
OVAL
PYRAMIDE
POLYGON
PRISMA
RECHTECK
DREIECK

66 - Flores

```
G A R D E N I E H U Z P W R
Ä M A G N O L I E P W A A O
N P S C H I B I S K U S O Y
S L M O A W O H B S C S R A
E I J R N Y O Q L D A I C L
B L Ü T E N B L A T T O H Ö
L I P L A V E N D E L N I W
Ü E L L E V G N A Y A S D E
M I U I R W E U B V P B E N
C M M L C O I K W L R L E Z
H O E A J A S M I N U U A A
E H R J C M B E M W L M H H
N N I S T R A U S S J E E N
I E A K L E E T U L P E M O
```

MOHN	GÄNSEBLÜMCHEN
LÖWENZAHN	ORCHIDEE
GARDENIE	PASSIONSBLUME
SONNENBLUME	BLÜTENBLATT
HIBISKUS	PLUMERIA
JASMIN	STRAUSS
LAVENDEL	ROSE
LILA	KLEE
LILIE	TULPE
MAGNOLIE	

67 - Astronomía

```
M E T E O R B J X S M Y G Y
K O N S T E L L A T I O N A
O B S E R V A T O R I U M S
P S U P E R N O V A K V G T
G U Q G S Q E P G H O S K R
U A S T E R O I D L S Q B O
N S L S U Z Y A W U M T A N
I T N A K T Q A L N O E P A
V R I T X H F O Y G S L L U
E O N E I I R A K E T E A T
R N S L R M E M P B Z S N X
S O A L S M R F O R H K E L
U M B I G E D F Q N M O T R
M P Y T S L E X Y I D P M U
```

ASTEROID
ASTRONAUT
ASTRONOM
HIMMEL
RAKETE
KONSTELLATION
KOSMOS
GALAXIE
MOND

METEOR
OBSERVATORIUM
PLANET
STRAHLUNG
SATELLIT
SUPERNOVA
TELESKOP
ERDE
UNIVERSUM

68 - Tiempo

```
J  G  Q  P  S  U  T  N  M  T  T  N  E  D
M  I  N  U  T  E  K  J  J  S  M  R  V  Y
O  W  R  G  E  S  R  S  E  Z  I  M  O  S
M  O  R  G  E  N  T  G  E  S  T  E  R  N
E  C  U  J  Z  U  K  U  N  F  T  B  R  A
N  H  H  Ä  I  H  A  N  X  A  X  P  C
T  E  R  H  E  U  T  E  L  D  G  D  D  H
J  A  H  R  Z  E  H  N  T  E  E  K  L  T
Z  U  T  L  J  D  D  F  M  O  N  A  T  L
P  K  H  I  Q  E  A  S  V  E  Y  D  R  S
C  C  J  C  H  R  T  U  Z  C  B  J  E  V
O  T  Y  H  Z  Z  T  Z  B  G  B  Y  L  R
J  A  H  R  T  A  G  J  T  Y  L  T  R  H
J  A  H  R  H  U  N  D  E  R  T  R  R  E
```

JETZT	HEUTE
VOR	MORGEN
JÄHRLICH	MITTAG
JAHR	MONAT
GESTERN	MINUTE
KALENDER	MOMENT
JAHRZEHNT	NACHT
TAG	UHR
ZUKUNFT	WOCHE
STUNDE	JAHRHUNDERT

69 - Paisajes

```
E  I  S  B  E  R  G  B  U  B  P  E  G  J
F  L  P  T  U  N  D  R  A  E  R  G  L  U
G  J  X  T  R  O  G  R  I  R  B  E  E  B
M  E  M  A  W  A  I  K  M  G  A  C  T  K
R  Ü  Y  L  E  S  N  D  E  H  I  V  S  N
K  P  N  S  E  E  S  D  E  B  V  L  C  N
I  F  Z  D  I  W  E  A  R  L  L  Z  H  V
I  W  T  V  U  R  L  L  T  M  H  L  E  V
D  U  W  T  G  N  G  E  F  U  Ö  N  R  U
C  M  Ü  W  U  U  G  P  F  U  H  R  P  L
W  A  S  S  E  R  F  A  L  L  L  Y  J  K
A  K  T  R  S  L  A  G  U  N  E  H  N  A
P  Y  E  U  Q  S  M  B  S  U  M  P  F  N
D  K  H  A  L  B  I  N  S  E  L  L  E  Y
```

WASSERFALL	MEER
HÖHLE	BERG
WÜSTE	OASE
MÜNDUNG	SUMPF
GEYSIR	HALBINSEL
GLETSCHER	STRAND
EISBERG	FLUSS
INSEL	TUNDRA
SEE	TAL
LAGUNE	VULKAN

70 - Días y Meses

```
F  J  C  A  S  A  M  S  T  A  G  F  D  V
J  U  L  I  P  S  H  M  R  V  J  S  O  O
U  N  N  S  U  R  M  O  N  T  A  G  N  Z
Y  I  O  B  X  F  I  B  N  D  H  K  N  T
S  O  N  N  T  A  G  L  M  P  R  F  E  W
D  M  O  A  U  G  U  S  T  P  X  W  R  W
I  I  V  S  E  P  T  E  M  B  E  R  S  O
E  T  E  J  A  N  U  A  R  E  K  F  T  C
N  T  M  K  A  L  E  N  D  E  R  E  A  H
S  W  B  M  O  N  A  T  D  G  X  B  G  E
T  O  E  O  K  T  O  B  E  R  Y  R  W  I
A  C  R  F  R  E  I  T  A  G  H  U  V  X
G  H  M  H  N  C  Y  D  K  C  Z  A  Y  K
K  X  I  T  L  Z  Q  U  Z  G  S  R  F  X
```

APRIL	MONTAG
AUGUST	DIENSTAG
JAHR	MONAT
KALENDER	MITTWOCH
SONNTAG	NOVEMBER
JANUAR	OKTOBER
FEBRUAR	SAMSTAG
DONNERSTAG	WOCHE
JULI	SEPTEMBER
JUNI	FREITAG

71 - Chocolate

```
G A E R E Z E P T Z S Q Z H
K O K O S N U S S D Ü U A A
V J C M C N H C I P S A N N
K A L O R I E N K N S L T D
G K A R A M E L L E O I I W
E Ö C O H F C A E O R T O E
S S K Z S A J Y V O M Ä X R
C T S X Z V J X H Y A T I K
H L H E X O T I S C H K D L
M I F U N R Z V P F X O A I
A C F W A I P U L V E R N C
C H B I T T E R T Q S J S H
K A K A O C N L X A R O M A
E R D N Ü S S E G A T T N F
```

BITTER	KOKOSNUSS
ANTIOXIDANS	ESSEN
AROMA	KÖSTLICH
HANDWERKLICH	SÜSS
ZUCKER	EXOTISCH
ERDNÜSSE	FAVORIT
KAKAO	GESCHMACK
QUALITÄT	ZUTAT
KALORIEN	PULVER
KARAMELL	REZEPT

72 - Barbacoas

```
L  M  I  L  Y  J  H  G  E  M  Ü  S  E  Z
X  K  I  T  S  M  U  S  I  K  A  L  X  W
S  K  F  G  P  I  H  A  G  C  U  N  V  I
O  I  W  R  P  T  N  L  J  F  A  H  Y  E
S  N  A  I  K  T  A  Z  X  R  O  S  T  B
S  D  J  L  L  A  O  V  I  U  Q  O  M  E
E  E  H  L  V  G  O  M  F  C  F  M  E  L
S  R  S  P  I  E  L  E  A  H  P  M  S  N
H  A  I  O  G  S  R  H  M  T  F  E  S  L
H  E  L  M  Z  S  I  I  I  C  E  R  E  G
J  Q  I  A  P  E  O  P  L  X  F  N  R  F
A  T  V  S  T  N  T  Y  I  W  F  G  H  I
G  O  Z  J  S  E  P  S  E  W  E  R  L  A
H  U  N  G  E  R  G  G  J  U  R  W  Z  F
```

MITTAGESSEN	KINDER
HEISS	GRILL
ZWIEBELN	PFEFFER
MESSER	HUHN
SALATE	SALZ
FAMILIE	SOSSE
FRUCHT	TOMATEN
HUNGER	SOMMER
SPIELE	GEMÜSE
MUSIK	

73 - Ropa

```
H W X X X G X S B S A K O S
A R M B A N D A W C C C O C
S C H A L Y T N L H U T M H
R S O E W I U D G Ü R T E L
O F S F M F Z A K R Z H P A
C N E R O D L L B Z O A U F
K R Y Z D M R E J E T L L A
B L U S E M A N T E L S L N
S H E J A C K E M Q B K O Z
S U C I S C H M U C K E V U
A H A N D S C H U H E T E G
H L H P X O I K A K Q T R J
S C H U H Z D U Y Q D E W L
L J K E O T R N X T M J J G
```

MANTEL	SCHMUCK
BLUSE	MODE
SCHAL	HOSE
HEMD	SCHLAFANZUG
JACKE	ARMBAND
GÜRTEL	SANDALEN
HALSKETTE	HUT
SCHÜRZE	PULLOVER
ROCK	KLEID
HANDSCHUHE	SCHUH

74 - Meditación

```
L  E  R  N  E  N  R  M  R  Z  C  T  G  P
N  V  J  V  R  Q  Q  U  G  J  R  V  I  E
V  A  U  F  Y  Z  I  S  H  V  C  Y  U  R
E  T  T  I  R  O  O  I  C  I  L  D  L  S
R  M  A  U  A  I  G  K  O  I  G  A  P  P
S  U  N  G  R  B  E  W  E  G  U  N  G  E
T  N  N  E  P  G  V  D  E  G  T  K  E  K
A  G  A  I  J  W  I  X  E  B  P  B  D  T
N  K  H  S  H  A  L  T  U  N  G  A  A  I
D  I  M  T  G  C  E  L  C  D  L  R  N  V
D  K  E  I  N  H  H  M  R  U  Ü  K  K  E
Y  J  H  G  U  U  R  X  Q  S  C  E  E  J
S  T  I  L  L  E  E  D  V  X  K  I  N  B
Z  O  A  K  L  A  R  H  E  I  T  T  K  N
```

ANNAHME   BEWEGUNG
LERNEN   MUSIK
RUHIG   NATUR
KLARHEIT   FRIEDEN
WACH   GEDANKEN
LEHRE   PERSPEKTIVE
GLÜCK   HALTUNG
DANKBARKEIT   ATMUNG
GEISTIG   STILLE
VERSTAND

75 - Libros

```
O H U M O R V O L L G F T K
J I D U A L I T Ä T J S B O
E S S R K O N T E X T I F L
I T L I T E R A R I S C H L
E O X A A U T O R O U M R E
S R E B B T R A G I S C H K
E I R E E L A B F M L X S T
R S Z M N G E D I C H T P I
I C Ä L T B Y J S Z J M O O
E H H G E S C H I C H T E N
H G L Q U S E I T E V E S O
A R E R E L E V A N T A I U
K Z R Z R L M R O M A N E A
G E S C H R I E B E N W X P
```

AUTOR   LITERARISCH
ABENTEUER   ERZÄHLER
KOLLEKTION   ROMAN
KONTEXT   SEITE
DUALITÄT   RELEVANT
GESCHRIEBEN   GEDICHT
GESCHICHTE   POESIE
HISTORISCH   SERIE
HUMORVOLL   TRAGISCH
LESER

76 - Nutrición

```
G E S U N D H E I T L T E Z
G E T R E I D E S Q V M S P
F E R M E N T A T I O N S R
Q U A L I T Ä T F Y P G B O
A V E R D A U U N G S E A T
G U T O X I N Y I M J W R E
E G S V I T A M I N H I C I
S N E G S K U M S K W C W N
C N Y S E O J X X G S H B E
H D R K U W S A P P E T I T
M I Z D Y N O S F E S C T C
A Ä E E G O D G E J X R T H
C T B R F P T X E A S F E H
K A L O R I E N C N Z Q R A
```

BITTER
APPETIT
QUALITÄT
KALORIEN
GETREIDE
ESSBAR
DIÄT
VERDAUUNG
AUSGEWOGEN

FERMENTATION
GEWICHT
PROTEINE
GESCHMACK
SOSSE
GESUNDHEIT
GESUND
TOXIN
VITAMIN

77 - Edificios

```
S T A D I O N V A A B S H U
C U J C F F K M P P O C O N
H K P P A M F U X A T H T I
L Y Q E B W F S K R S U E V
O T G A R A G E I T C L L E
S T W A I M E U N M H E J R
S L Q I K C A M O E A M Y S
B S L A B O R R U N F U B I
S C H E U N E E K T T L T T
H E R B E R G E H T U R M Ä
O B S E R V A T O R I U M T
K R A N K E N H A U S T K B
S J M U P T H E A T E R G K
B A U E R N H O F G W V Y L
```

HERBERGE	BAUERNHOF
APARTMENT	KRANKENHAUS
SCHLOSS	HOTEL
KINO	LABOR
BOTSCHAFT	MUSEUM
SCHULE	OBSERVATORIUM
STADION	SUPERMARKT
FABRIK	THEATER
GARAGE	TURM
SCHEUNE	UNIVERSITÄT

78 - Océano

```
K T V Z B R Z A W F I S C H
O T H F P V X T A A L C O Y
R N N U A L G E N H Y H L K
A G S J N O J U W S S W C R
L R I F F F B O O T A A Y A
L C K T P B I X U U L M U B
E G I R G Q I S V R Z M D B
H A Q U A L L E C M C A E E
W A L N R K E X C H O X L S
U U I C N W E N O L M H F B
P S O G E Z E I T E N V I H
V T F I L C X G Y V D B N G
N E Z J E C G D O D A L R K
A R S C H I L D K R Ö T E L
```

ALGEN	SCHWAMM
AAL	GEZEITEN
RIFF	QUALLE
THUNFISCH	AUSTER
WAL	FISCH
BOOT	KRAKE
GARNELE	SALZ
KRABBE	HAI
KORALLE	STURM
DELFIN	SCHILDKRÖTE

79 - Ciudad

```
B  L  U  M  E  N  H  Ä  N  D  L  E  R  S
G  E  S  C  H  Ä  F  T  L  K  U  B  T  U
A  T  G  F  U  B  Ä  C  K  E  R  E  I  P
P  A  F  K  L  I  N  I  K  W  M  S  F  E
O  D  Z  Z  K  B  M  A  C  F  U  C  L  R
T  L  O  G  A  L  E  R  I  E  S  H  U  M
H  H  O  R  C  I  Q  F  C  N  E  U  G  A
E  W  E  M  X  O  Y  H  Z  X  U  L  H  R
K  K  H  A  A  T  R  O  I  W  M  E  A  K
E  I  P  R  T  H  G  T  J  U  E  B  F  T
Q  S  U  K  D  E  K  E  K  L  B  J  E  T
C  Z  U  T  G  K  R  L  K  I  W  A  N  L
B  U  C  H  H  A  N  D  L  U  N  G  N  W
N  E  S  T  A  D  I  O  N  X  C  O  I  K
```

FLUGHAFEN	HOTEL
BANK	BUCHHANDLUNG
BIBLIOTHEK	MARKT
KINO	MUSEUM
KLINIK	BÄCKEREI
SCHULE	SUPERMARKT
STADION	THEATER
APOTHEKE	GESCHÄFT
BLUMENHÄNDLER	ZOO
GALERIE	

80 - Conservación

```
N W Z N W B K X O I S W V Q
E C O X A M P Z T M L A E L
N O P E S T I Z I D J J R E
T O P N S X Ü Z Y K L U S B
P U I Q E K G R Ü N J N C E
J T J V R N G K L I M A H N
U M W E L T N E K I C C M S
R E C Y C E L N O G C H U R
R E D U Z I E R E N R H T A
O R G A N I S C H K N A Z U
F R E I W I L L I G E L U M
J C G E S U N D H E I T N J
Ö K O S Y S T E M N Z I G X
Q C J Q J B I L D U N G N F
```

WASSER
UMWELT
ZYKLUS
KLIMA
VERSCHMUTZUNG
ÖKOSYSTEM
BILDUNG
LEBENSRAUM
NATÜRLICH

ORGANISCH
PESTIZID
RECYCELN
REDUZIEREN
GESUNDHEIT
NACHHALTIG
GRÜN
FREIWILLIGE

81 - Exploración

```
G  R  X  O  J  U  W  D  S  U  C  H  E  W
I  E  E  R  S  C  H  Ö  P  F  U  N  G  W
W  I  L  D  G  A  U  F  R  E  G  U  N  G
O  S  C  Ä  Q  W  J  D  A  A  X  X  K  L
U  E  Z  E  N  T  D  E  C  K  U  N  G  G
L  M  A  G  C  D  E  S  H  Q  D  M  Q  H
L  E  R  N  E  N  E  F  E  R  N  Z  J  P
T  I  E  R  E  K  Z  D  Y  J  L  E  W  M
G  E  F  Ä  H  R  L  I  C  H  N  S  U  U
G  O  O  A  K  T  I  V  I  T  Ä  T  O  T
K  U  L  T  U  R  E  N  B  J  K  S  Q  O
I  P  U  N  B  E  K  A  N  N  T  G  W  N
L  D  I  Z  B  M  N  N  A  E  F  R  N  U
W  F  U  C  U  S  F  H  X  J  I  S  N  D
```

AKTIVITÄT	FERN
ERSCHÖPFUNG	AUFREGUNG
TIERE	RAUM
LERNEN	SPRACHE
SUCHE	NEU
MUT	GEFÄHRLICH
KULTUREN	WILD
UNBEKANNT	GELÄNDE
ENTDECKUNG	REISE

82 - Campeonato

```
F  I  N  A  L  I  S  T  B  M  M  S  A  M
W  P  C  H  A  M  P  I  O  N  A  P  T  L
S  C  H  W  E  I  S  S  H  Z  N  I  M  H
M  O  T  I  V  A  T  I  O  N  N  E  E  B
T  U  R  N  I  E  R  P  E  H  S  L  N  W
M  E  D  A  I  L  L  E  A  G  C  E  Y  V
S  N  S  U  E  W  X  R  I  C  H  T  E  R
M  E  I  S  T  E  R  S  C  H  A  F  T  T
A  M  J  D  P  L  I  G  A  N  F  K  C  F
M  T  I  A  Z  O  Z  A  F  J  T  L  Z  N
P  K  O  U  A  T  R  A  I  N  E  R  T  G
U  R  N  E  A  M  P  T  T  K  X  I  C  O
E  M  S  R  S  T  R  A  T  E  G  I  E  V
P  E  R  F  O  R  M  A  N  C  E  J  O  V
```

MEISTERSCHAFT   LIGA
CHAMPION   MEDAILLE
SPORT   MOTIVATION
TRAINER   PERFORMANCE
MANNSCHAFT   AUSDAUER
STRATEGIE   ATMEN
FINALIST   TURNIER
SPIELE   SCHWEISS
RICHTER   SIEG

83 - Actividades y Ocio

```
R  E  I  S  E  S  C  Y  E  Q  G  C  K  B
X  E  J  N  P  C  C  Q  T  Q  O  G  U  A
B  T  O  A  V  X  P  H  C  I  L  W  B  S
A  A  R  E  N  N  E  N  W  C  F  S  O  E
S  U  R  F  E  N  N  D  Z  I  G  A  X  B
K  C  K  C  I  F  T  B  B  P  M  J  E  A
E  H  U  A  N  U  S  W  W  K  P  M  N  L
T  E  N  M  K  S  P  A  G  G  O  S  E  L
B  N  S  P  A  S  A  N  G  E  L  N  Y  N
A  I  T  I  U  B  N  D  J  M  P  N  Y  T
L  X  N  N  F  A  N  E  A  Ä  C  D  O  X
L  X  W  G  E  L  E  R  P  L  C  A  E  C
A  R  P  O  N  L  N  N  Z  D  H  P  M  P
T  E  N  N  I  S  D  P  V  E  O  O  Y  I
```

KUNST	GOLF
BASKETBALL	SCHWIMMEN
BASEBALL	ANGELN
BOXEN	GEMÄLDE
TAUCHEN	ENTSPANNEND
CAMPING	WANDERN
RENNEN	SURFEN
EINKAUFEN	TENNIS
FUSSBALL	REISE

84 - Comida #1

```
S U P P E Z I M T F I J V F
B P B A S I L I K U M G K L
C Q I L A S Z I T R O N E E
E Y R N L A Y R Q B J G R I
T X N W A F S Z Ü T B I D S
R I E V T T A U W B Z K B C
M I L C H I L D T I E N E H
I Z Z E I G Z O C G E O E X
T H U N F I S C H E S B R F
T Q C Y Q A K I N R Z L E M
T V K A R O T T E S E A A L
K A E N M I N Z E T A U S W
S T R P E N O O F E Z C N V
C M X A B V O T T E T H W E
```

KNOBLAUCH
BASILIKUM
THUNFISCH
ZUCKER
ZIMT
FLEISCH
GERSTE
ZWIEBEL
SALAT
SPINAT

ERDBEERE
SAFT
MILCH
ZITRONE
MINZE
RÜBE
BIRNE
SALZ
SUPPE
KAROTTE

85 - Literatura

```
G O A N A L O G I E L S M B
E F U R H Y T H M U S F E R
D V T V B E T R A G Ö D I E
I L O O E R Z Ä H L E R N P
C G R V S F U C I V F O U O
H G G E C A O U C Q M A N E
T F H R H N P T K U E N G T
B I O G R A P H I E T E R I
D K N L E L I V R Y A K E S
I T M E I Y A Y O M P D I C
A I O I B S V R M K H O M H
L O B C U E A J A Y E T T X
O N Y H N S N B N I R E B I
G K K L G T H E M A S T I L
```

ANALOGIE   METAPHER
ANALYSE   ERZÄHLER
ANEKDOTE   ROMAN
AUTOR   MEINUNG
BIOGRAPHIE   GEDICHT
VERGLEICH   POETISCH
BESCHREIBUNG   REIM
DIALOG   RHYTHMUS
STIL   THEMA
FIKTION   TRAGÖDIE

86 - Clima

```
P  T  N  B  H  I  M  M  E  L  V  V  S  B
L  R  K  F  L  U  T  K  L  I  M  A  T  L
J  O  W  A  C  A  R  O  E  F  D  M  U  I
M  C  E  V  V  T  O  R  N  A  D  O  R  T
R  K  G  P  E  M  P  W  I  N  D  X  M  Z
Y  E  F  X  L  O  I  Q  V  K  V  I  P  T
C  N  A  Q  A  S  S  E  A  B  A  Z  O  R
D  B  Y  Q  S  P  C  T  C  G  G  N  T  U
D  Y  R  K  G  H  H  P  O  L  A  R  M  M
O  Ü  H  I  I  Ä  P  B  F  K  G  I  B  W
N  R  R  C  S  R  P  E  D  I  H  Q  W  O
N  Q  C  R  A  E  I  S  N  E  B  E  L  L
E  X  M  T  E  M  P  E  R  A  T  U  R  K
R  M  O  N  S  U  N  E  B  B  B  B  K  H  E
```

ATMOSPHÄRE	POLAR
BRISE	BLITZ
HIMMEL	TROCKEN
KLIMA	DÜRRE
EIS	TEMPERATUR
HURRIKAN	STURM
FLUT	TORNADO
MONSUN	TROPISCH
NEBEL	DONNER
WOLKE	WIND

87 - Comida #2

```
T  J  A  U  S  C  H  O  K  O  L  A  D  E
J  O  Y  G  B  R  O  T  T  O  U  A  O
M  R  M  F  F  A  C  G  C  V  N  B  R  R
H  E  E  A  U  C  N  K  I  W  I  E  T  A
U  I  F  S  T  I  U  A  I  Z  H  R  I  K
H  S  K  Ä  S  E  U  B  N  Y  W  G  S  I
N  J  O  G  H  U  R  T  E  E  S  I  C  R
S  O  N  N  E  N  B  L  U  M  E  N  H  S
I  N  G  W  E  R  L  P  W  A  L  E  O  C
K  H  G  O  C  A  B  V  E  N  L  J  C  H
N  L  U  H  L  J  T  H  I  D  E  H  K  E
S  A  D  A  P  F  E  L  Z  E  R  C  E  J
T  R  A  U  B  E  B  Y  E  L  I  D  J  Y
R  X  I  W  J  Y  I  S  N  T  E  X  G  C
```

ARTISCHOCKE	KIWI
MANDEL	APFEL
SELLERIE	BROT
REIS	BANANE
AUBERGINE	HUHN
KIRSCHE	KÄSE
SCHOKOLADE	TOMATE
SONNENBLUME	WEIZEN
EI	TRAUBE
INGWER	JOGHURT

88 - Castillos

```
R  E  I  C  H  R  D  I  X  I  T  U  R  M
Ü  I  J  N  R  Z  Q  W  C  F  X  K  K  K
S  J  T  Y  A  T  J  Q  F  P  Y  A  R  Ö
T  D  I  T  S  C  H  W  E  R  T  T  O  N
U  E  B  F  E  U  D  A  L  I  P  A  N  I
N  F  Q  K  P  R  I  N  Z  N  F  P  E  G
G  E  D  E  L  Q  H  D  B  Z  E  U  D  R
S  S  R  I  C  B  H  W  E  E  R  L  Y  E
C  T  A  N  V  V  Z  Q  S  S  D  T  N  I
H  U  C  H  B  P  A  L  A  S  T  H  A  C
I  N  H  O  G  C  L  R  W  I  P  P  S  H
L  G  E  R  H  V  B  A  L  N  L  Q  T  Q
D  R  N  N  J  M  O  W  V  L  Z  C  I  V
G  W  J  D  J  N  K  M  G  Y  F  N  E  M
```

RÜSTUNG	FESTUNG
RITTER	REICH
PFERD	EDEL
KATAPULT	PALAST
KRONE	WAND
DYNASTIE	PRINZESSIN
DRACHE	PRINZ
SCHILD	KÖNIGREICH
SCHWERT	TURM
FEUDAL	EINHORN

89 - Arte

```
P  E  R  S  Ö  N  L  I  C  H  G  U  S  G
K  O  E  K  E  R  A  M  I  K  S  I  U  E
V  O  R  H  M  K  N  K  V  Q  Y  S  R  M
I  T  M  T  R  D  Q  O  P  I  M  C  R  Ä
S  S  Y  P  R  L  N  N  K  Q  B  H  E  L
U  T  A  O  L  Ä  I  U  D  P  O  A  A  D
E  I  X  S  O  E  T  C  Y  N  L  F  L  E
L  M  W  K  R  H  X  I  H  T  O  F  I  P
L  M  P  U  I  J  Z  Y  E  W  W  E  S  O
H  U  H  L  G  W  W  I  F  R  Q  N  M  E
I  N  S  P  I  R  I  E  R  T  E  N  U  S
T  G  K  T  N  S  M  M  B  C  N  S  I
X  F  Q  U  A  U  S  D  R  U  C  K  Z  E
Y  V  Z  R  L  E  I  N  F  A  C  H  D  E
```

KERAMIK   PERSÖNLICH
KOMPLEX   GEMÄLDE
SCHAFFEN   POESIE
SKULPTUR   PORTRÄTIEREN
AUSDRUCK   EINFACH
EHRLICH   SYMBOL
STIMMUNG   SURREALISMUS
INSPIRIERT   VISUELL
ORIGINAL

90 - Herboristería

```
R  G  E  N  B  S  U  S  G  D  O  P  L  K
G  O  G  K  A  A  A  S  Q  I  N  F  A  N
E  C  S  M  U  X  S  F  E  L  F  L  V  O
S  W  G  M  K  I  K  I  R  L  Z  A  E  B
C  J  A  F  A  F  U  Q  L  A  Q  N  N  L
H  C  R  E  R  R  L  N  H  I  N  Z  D  A
M  Q  T  N  O  Y  I  Y  D  W  K  E  E  U
A  U  E  C  M  I  N  N  R  Y  Y  U  L  C
C  A  N  H  A  W  A  K  U  B  D  L  M  H
K  L  P  E  T  E  R  S  I  L  I  E  P  Y
E  I  C  L  I  U  I  N  Z  U  T  A  T  J
Y  T  C  X  S  T  S  U  M  M  G  R  Ü  N
A  Ä  R  W  C  S  C  Z  P  E  A  Z  K  H
M  T  L  T  H  B  H  M  I  N  Z  E  H  Q
```

KNOBLAUCH	ZUTAT
BASILIKUM	GARTEN
AROMATISCH	LAVENDEL
SAFRAN	MINZE
QUALITÄT	PETERSILIE
KULINARISCH	PFLANZE
DILL	ROSMARIN
BLUME	GESCHMACK
FENCHEL	GRÜN

91 - Verano

```
F  R  G  S  D  S  C  A  M  P  I  N  G  S
R  E  B  D  A  C  C  T  A  U  C  H  E  N
E  I  N  C  Q  N  E  H  Q  C  H  C  C  E
I  S  I  R  W  B  D  S  W  G  S  P  N  Z
Z  E  Q  F  L  R  D  A  S  I  P  P  I  F
E  F  A  M  I  L  I  E  L  E  M  E  E  R
I  G  S  P  I  E  L  E  Q  E  N  M  G  E
T  A  P  U  E  Y  U  F  N  P  N  I  E  U
E  R  I  N  N  E  R  U  N  G  E  N  B  N
L  T  S  T  E  R  N  E  T  D  K  M  Ü  D
W  E  U  R  L  A  U  B  T  D  N  U  C  E
E  N  T  S  P  A  N  N  U  N  G  S  H  G
I  S  T  R  A  N  D  I  U  T  Z  I  E  C
F  R  E  U  D  E  B  J  H  J  R  K  R  H
```

FREUDE	MEER
FREUNDE	MUSIK
TAUCHEN	SCHWIMMEN
CAMPING	FREIZEIT
ESSEN	STRAND
STERNE	ERINNERUNGEN
FAMILIE	ENTSPANNUNG
GARTEN	SANDALEN
SPIELE	URLAUB
BÜCHER	REISE

92 - Insectos

```
H  S  L  T  K  Ä  F  E  R  B  M  Y  L  T
C  C  T  J  A  A  M  Z  E  I  O  U  I  W
V  H  E  H  K  Z  T  N  Q  E  T  T  G  G
A  M  R  A  E  P  N  L  K  N  T  K  C  G
T  E  M  W  R  F  R  T  K  E  E  B  T  Q
E  T  I  T  L  A  R  V  E  M  Ü  C  K  E
O  T  T  P  A  H  L  Y  Z  I  K  A  D  E
Y  E  E  U  K  Q  Z  I  N  D  Z  L  C  W
Y  R  L  B  E  X  M  Y  B  W  C  V  T  O
B  L  A  T  T  L  A  U  S  E  U  Z  F  W
H  I  U  F  N  P  C  Q  S  M  L  R  J  E
W  N  G  L  A  M  E  I  S  E  G  L  M  S
G  G  Q  O  H  O  R  N  I  S  S  E  E  P
T  H  X  H  E  U  S  C  H  R  E  C  K  E
```

BIENE	LARVE
WESPE	LIBELLE
HORNISSE	SCHMETTERLING
BLATTLAUS	MÜCKE
ZIKADE	MOTTE
KAKERLAKE	FLOH
KÄFER	HEUSCHRECKE
WURM	TERMITE
AMEISE	

93 - Especias

```
K Y J A I P F P F E F F E R
N R E A S A F R A N E L K E
O T E C W P F E N C H E L M
B S A U E R D C I X Y K G U
L L A R Z I N G W E R V E S
A L K R I K S J E D V Q S K
U U A Y M A Ü B L Y V O C A
C N O K T Z S M C N E T H T
H V Y S R W S N M L Q F M N
O K V A N I L L E E L S A U
T A P R M E T T C X L A C S
A G N C S B A Z L K F L K S
K X C I G E D Y E U O Z Y G
K O D M S L B I T T E R E J
```

SAUER	SÜSS
KNOBLAUCH	FENCHEL
BITTER	INGWER
ANIS	MUSKATNUSS
SAFRAN	PAPRIKA
ZIMT	PFEFFER
ZWIEBEL	LAKRITZE
NELKE	GESCHMACK
KREUZKÜMMEL	SALZ
CURRY	VANILLE

94 - Emociones

```
B E S C H Ä M T X O F W V Q
Z U F R I E D E N M R U H E
L S C X K V C T M I E T W C
W N X S U H G Z Y W U K T F
R E L I E F L N I T D F S X
A F R I E D E N E K E N Y I
A U F G E R E G T D J J M N
N D A N K B A R T O A I P H
G G L A N G E W E I L E A A
S Z Ä R T L I C H K E I T L
T Ü B E R R A S C H E N H T
R U H I G D P U S K T W I P
E N T S P A N N T F J U E N
T R A U R I G K E I T B U I
```

LANGEWEILE
DANKBAR
FREUDE
RELIEF
LIEBE
BESCHÄMT
RUHIG
INHALT
AUFGEREGT
WUT

ANGST
FRIEDEN
ENTSPANNT
ZUFRIEDEN
SYMPATHIE
ÜBERRASCHEN
ZÄRTLICHKEIT
RUHE
TRAURIGKEIT

95 - Mediciones

```
U M M X D O C T E Q F S G R
D Q O O Y D P Y O H F B E I
K I L O M E T E R N W S W Z
G F I Q A Z G R A D N U I E
R W U W S I R K I L V E C N
D U A M S M A R E B Y C H T
N H V G E A M V H X Y D T I
A J I R M L M E T E R T I M
B R E I T E I N H T R G E E
Z X F L Y X N G Y W L G F T
H S S Ä P H U J Z O L L E E
E Ö K N L I T E R V Q U E R
J F H G X W E V O L U M E N
C A T E Y Z Y Y W U N Z E T
```

HÖHE	MASSE
BREITE	METER
BYTE	MINUTE
ZENTIMETER	UNZE
DEZIMAL	GEWICHT
GRAD	TIEFE
GRAMM	ZOLL
KILOMETER	TONNE
LITER	VOLUMEN
LÄNGE	

96 - Barcos

```
O M F M S X L L N P D F B N
M Z R G E E H P D Z P L N A
S X E K E I E M E E R O P U
E E U A X U S M D U R S G T
G H K J N Z F A A A S S S I
E G A A D R T S N N W X E S
L R N K H R H T K T N T I C
B I U F L U S S E F E H L H
O V O Ä P Q M A R I T I M T
O E H H Q Q Y Y A C H T S I
T D C R E W M Z B U T R S D
H G D E B C V C M O T O R E
B W T C O O U D A D J R F L
K C D D O V T C M M X E U U
```

ANKER	SEEMANN
FLOSS	MARITIM
BOJE	MAST
KANU	MOTOR
SEIL	NAUTISCH
FÄHRE	OZEAN
KAJAK	FLUSS
SEE	CREW
MEER	SEGELBOOT
TIDE	YACHT

97 - Antártida

```
D M I N E R A L I E N I U L
K O N T I N E N T D M N G Y
K Q N N X H A L B I N S E L
E R H A L T U N G F G E X F
D M B V G U N O L E E L P U
G X N U C G R C E L O N E M
F O R S C H E R T S G P D W
D N V P G H I M S I R I I E
T W Ö P A T T S C G A N T L
P C G X Z W O C H I P G I T
O E E M W A S S E R H U O Y
M I L P J L H J R P I I N G
N S W O L K E N B V E N C D
M I G R A T I O N D Y E C H
```

WASSER
BUCHT
ERHALTUNG
KONTINENT
EXPEDITION
GEOGRAPHIE
GLETSCHER
EIS
FORSCHER

INSELN
UMWELT
MIGRATION
MINERALIEN
WOLKEN
VÖGEL
HALBINSEL
PINGUINE
FELSIG

98 - Piratas

```
M L E G E N D E Q D Y P L M
Ü Z W Y O S O G S O C A M S
N K O O F W L W T S X P L I
Z S C H L E C H T C R A K N
E N S K A R T E C H G G O S
N A T K G U M S L W W E M E
K R R K G M A N K E R I P L
A B A S E S N O P R G V A I
P E N H Ö H L E S T O L S R
I B D S C H A T Z N L Q S R
T X G E F A H R C S D Y U I
Ä A B E N T E U E R D Z Y F
N H H X O L R Z F J E F E L
S N L C G S Y C S I M W O W
```

ANKER	PAPAGEI
ABENTEUER	SCHLECHT
FLAGGE	KARTE
KOMPASS	MÜNZEN
KAPITÄN	GOLD
NARBE	GEFAHR
HÖHLE	STRAND
SCHWERT	RUM
INSEL	SCHATZ
LEGENDE	CREW

99 - Mamíferos

```
K  K  R  O  J  G  J  G  O  R  I  L  L  A
Ä  F  O  S  C  H  A  F  I  G  J  X  B  U
N  U  Y  J  W  O  L  F  U  R  A  J  P  H
G  C  W  W  O  P  I  N  F  D  A  M  V  U
U  H  A  Z  W  T  O  C  H  E  R  F  E  N
R  S  L  F  K  R  E  D  N  L  I  X  F  D
U  B  Ä  R  A  O  P  O  V  E  S  E  L  E
T  R  H  P  T  Z  F  P  P  F  B  K  X  D
B  U  X  P  Z  Z  E  B  R  A  L  Z  B  E
P  T  T  F  E  S  R  D  N  N  E  X  T  L
C  P  F  Y  B  M  D  I  S  T  I  E  R  F
K  A  M  E  L  H  A  S  E  A  J  A  Y  I
B  I  E  D  I  W  H  F  Q  C  I  Y  G  N
S  Z  Z  P  E  B  G  F  R  C  T  O  V  Q
```

WAL	KATZE
ESEL	GORILLA
PFERD	GIRAFFE
KAMEL	WOLF
KÄNGURU	AFFE
ZEBRA	BÄR
HASE	SCHAF
KOJOTE	HUND
DELFIN	STIER
ELEFANT	FUCHS

100 - Abejas

```
N  H  Y  R  T  G  W  B  S  G  I  B  R  P
N  F  C  X  A  B  A  H  K  D  Z  I  A  F
Q  Z  D  A  J  E  C  R  D  V  D  E  U  L
O  D  O  D  K  S  H  A  T  I  N  C  C  A
F  R  U  C  H  T  S  N  D  E  Ö  E  H  N
H  O  N  I  G  Ä  V  H  L  L  N  N  B  Z
U  U  N  B  L  U  M  E  N  F  I  K  I  E
E  S  S  E  N  B  X  W  P  A  G  O  N  N
T  F  L  Ü  G  E  L  N  I  L  I  R  S  J
S  C  H  W  A  R  M  Z  S  T  N  B  E  R
V  O  R  T  E  I  L  H  A  F  T  L  K  W
S  O  N  N  E  V  L  E  C  N  J  Ü  T  M
B  U  K  T  S  Ö  K  O  S  Y  S  T  E  M
K  P  L  O  D  N  T  P  O  L  L  E  N  P
```

FLÜGEL	FRUCHT
VORTEILHAFT	RAUCH
WACHS	INSEKT
BIENENKORB	GARTEN
ESSEN	HONIG
VIELFALT	PFLANZEN
ÖKOSYSTEM	POLLEN
SCHWARM	BESTÄUBER
BLÜTE	KÖNIGIN
BLUMEN	SONNE

1 - Ajedrez

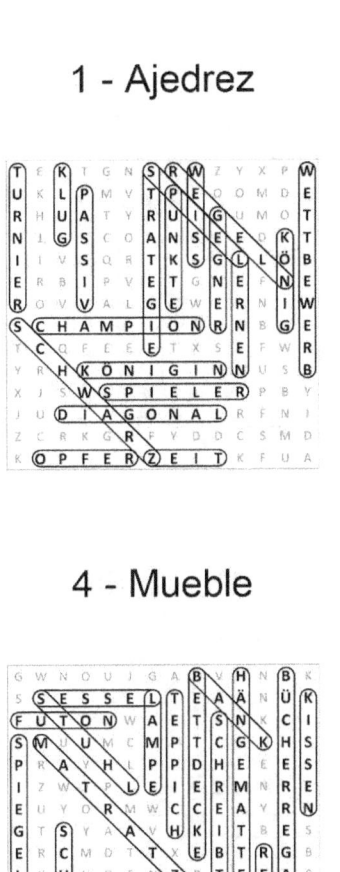

2 - Agua

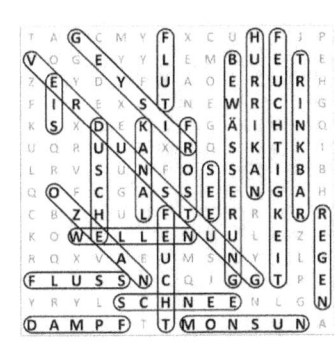

3 - Granja #2

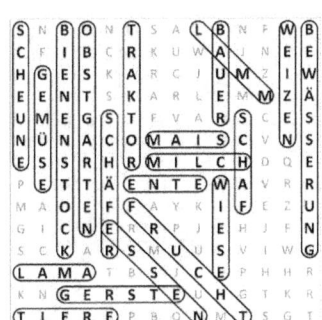

4 - Mueble

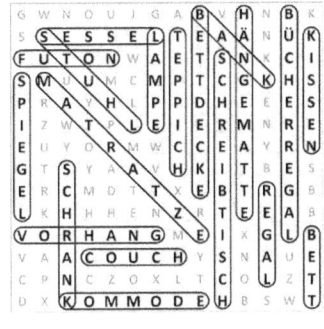

5 - Pesca

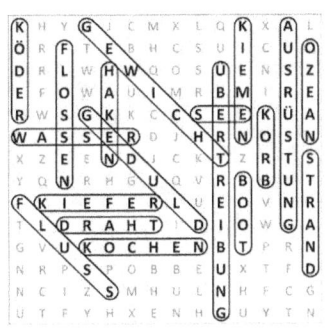

6 - Aviones

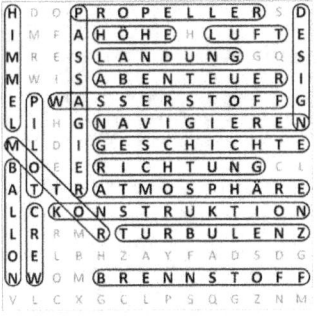

7 - Tipos de Cabello

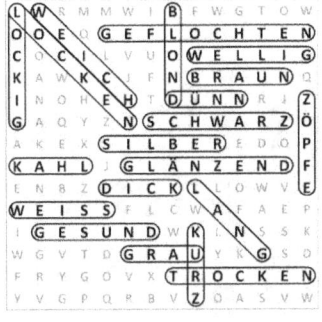

8 - Ciencia Ficción

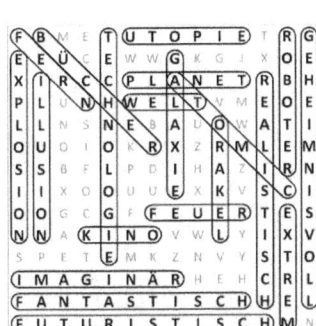

9 - Juguetes

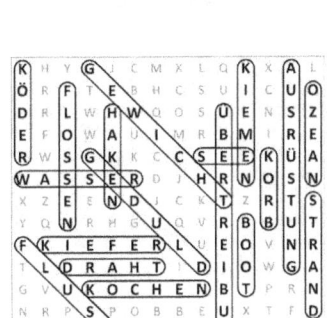

10 - Circo

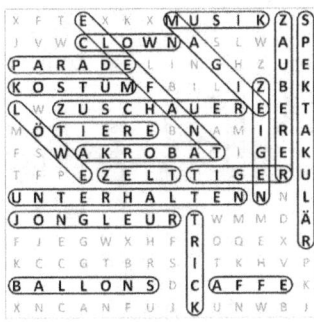

11 - Rellenar

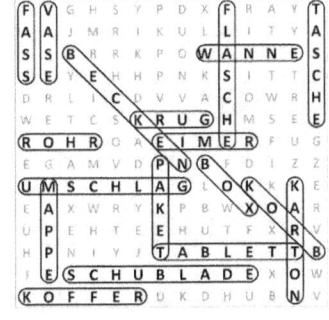

12 - Granja #1

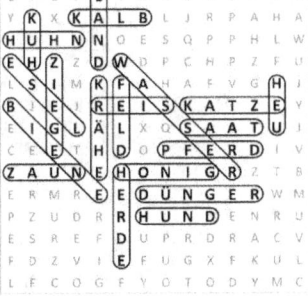

13 - Camping

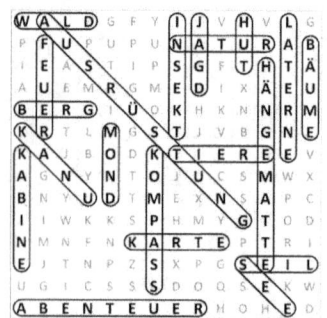

14 - Fruta

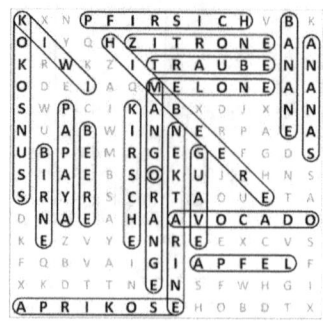

15 - Geología

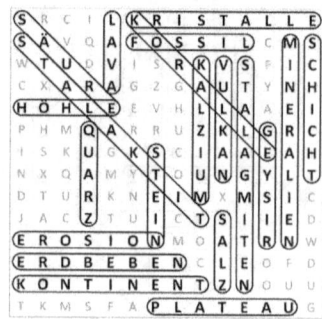

16 - Plantas

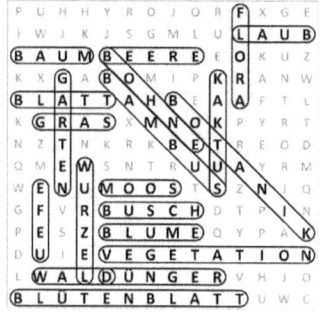

17 - Suministros de Arte

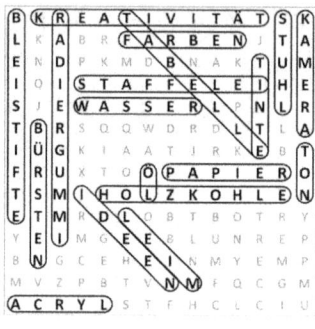

18 - Jardín

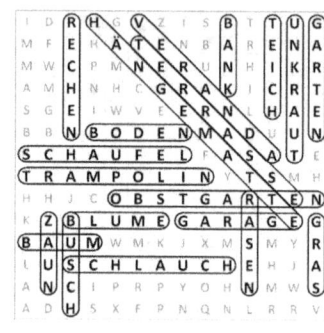

19 - Países #2

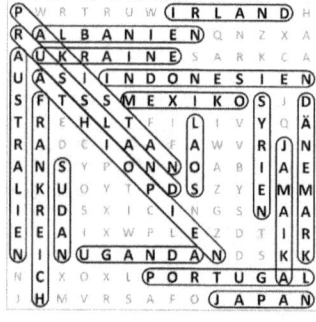

20 - Tecnología

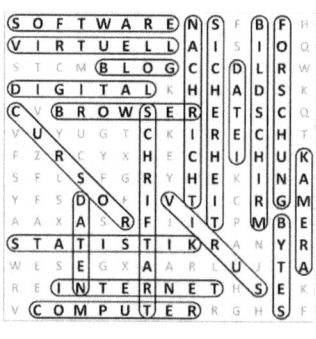

21 - Números

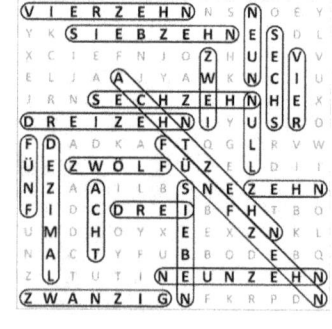

22 - Mitología

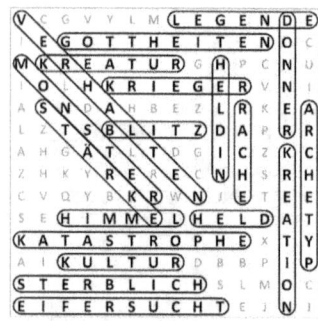

23 - Ecología

24 - Herramientas

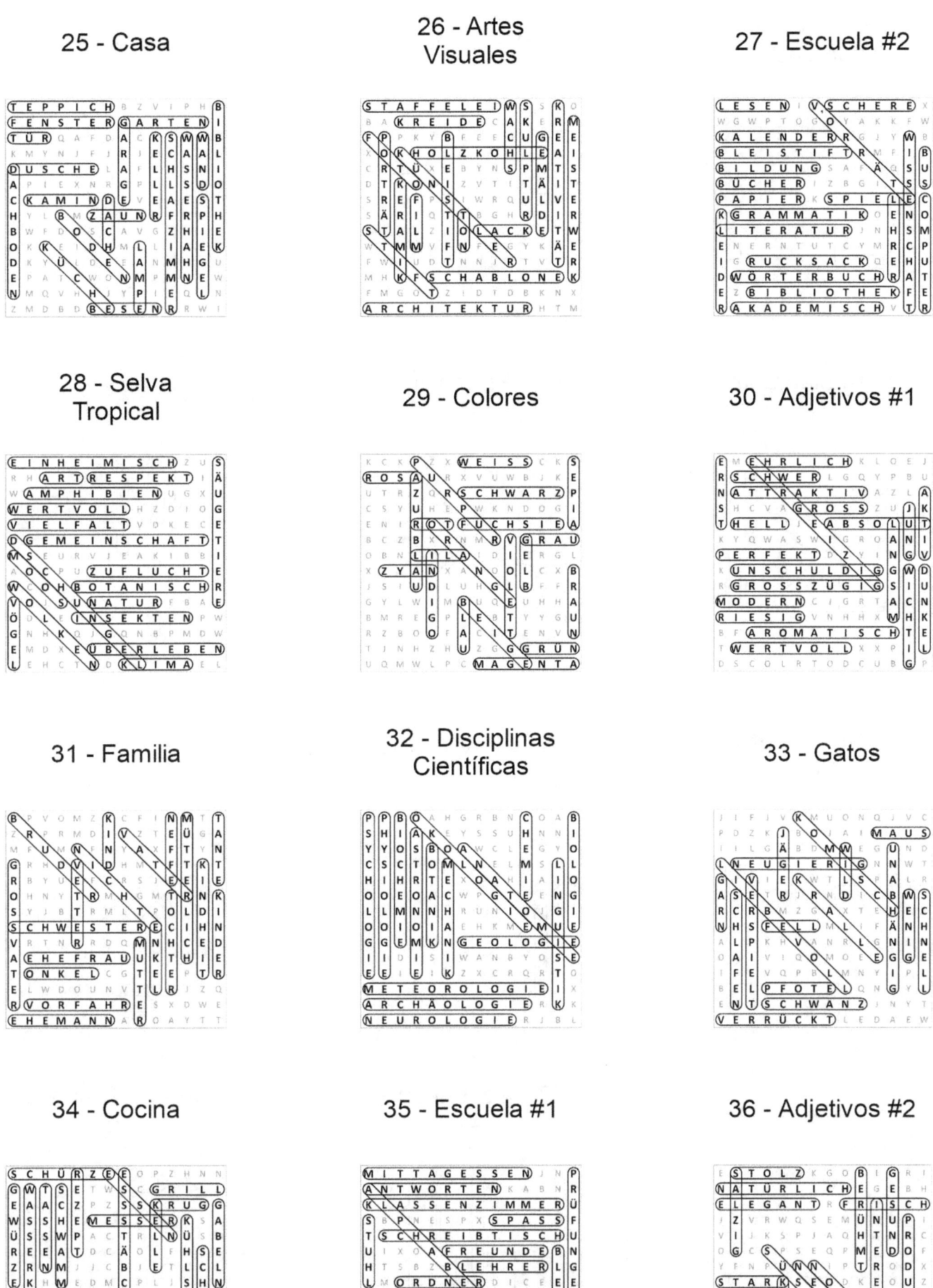

25 - Casa

26 - Artes Visuales

27 - Escuela #2

28 - Selva Tropical

29 - Colores

30 - Adjetivos #1

31 - Familia

32 - Disciplinas Científicas

33 - Gatos

34 - Cocina

35 - Escuela #1

36 - Adjetivos #2

37 - Cuerpo Humano

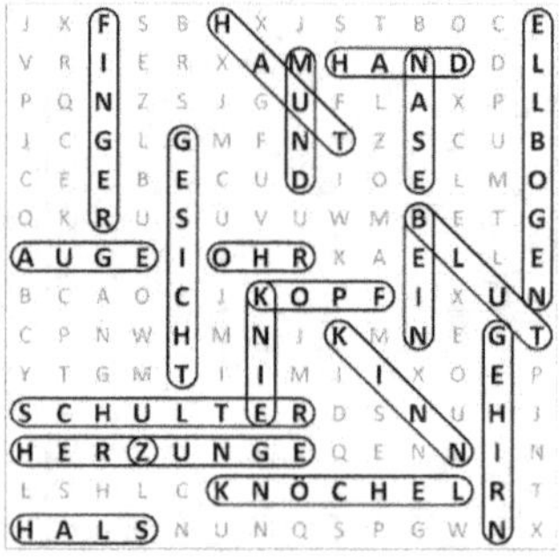

38 - Ciencia

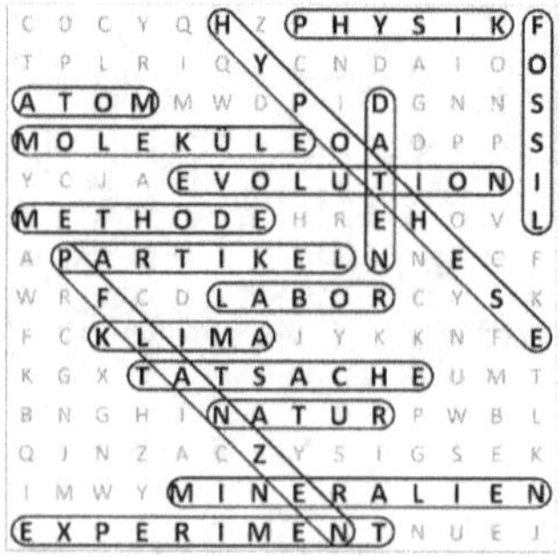

39 - Dinosaurios

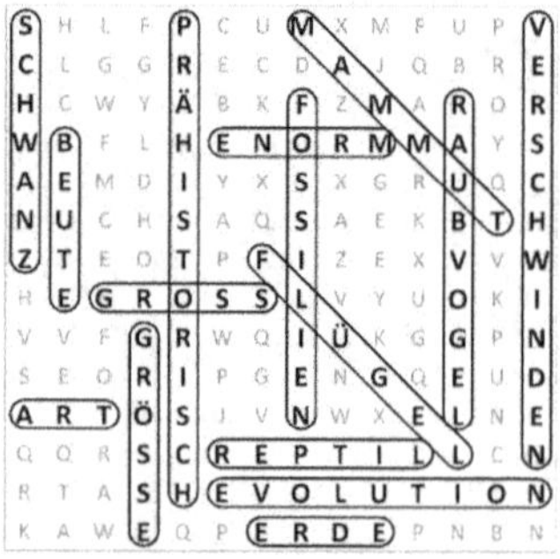

40 - Restaurante #2

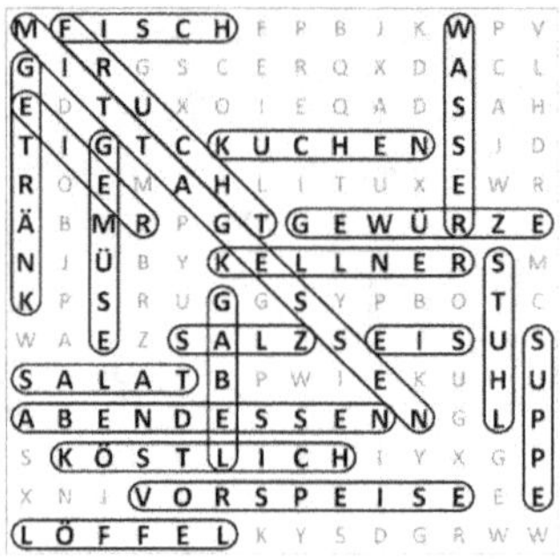

41 - Profesiones #1

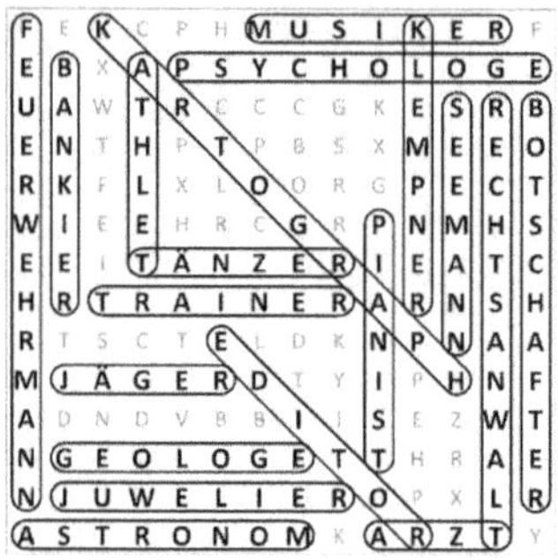

42 - Vehículos

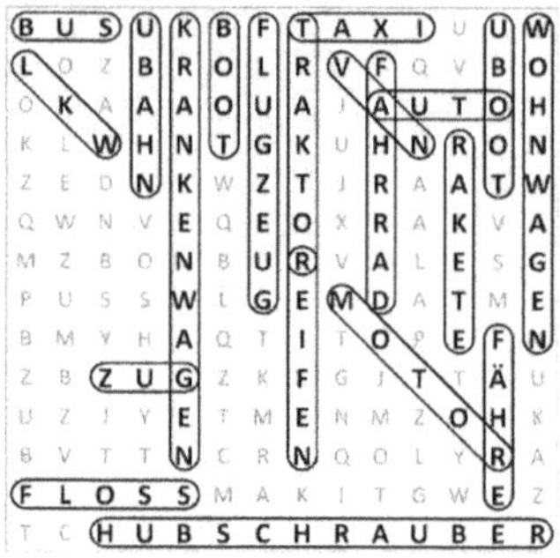

43 - Vacaciones #2

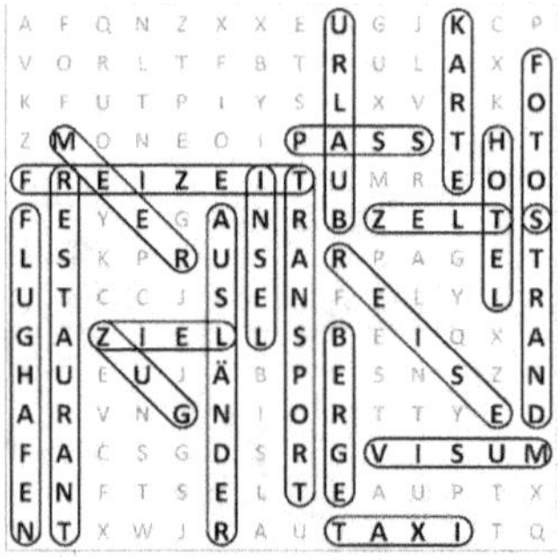

44 - Cumpleaños

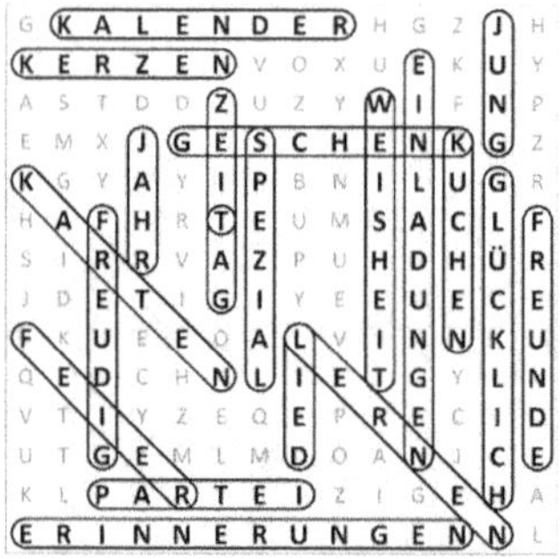

45 - Baile

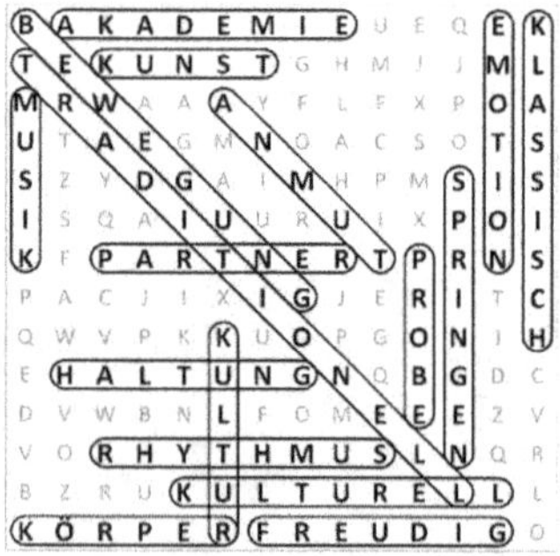

46 - Matemáticas

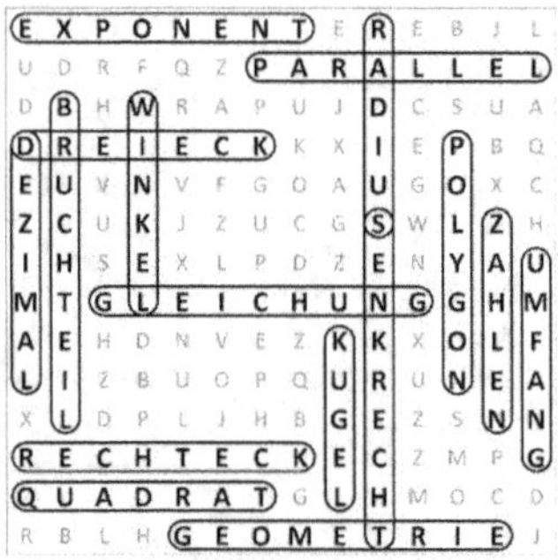

47 - Restaurante #1

48 - Profesiones #2

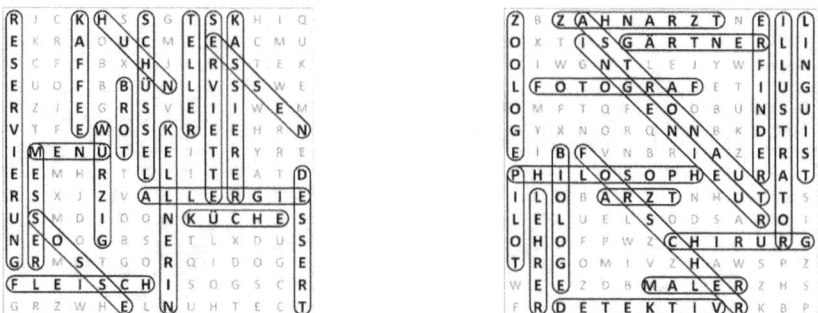

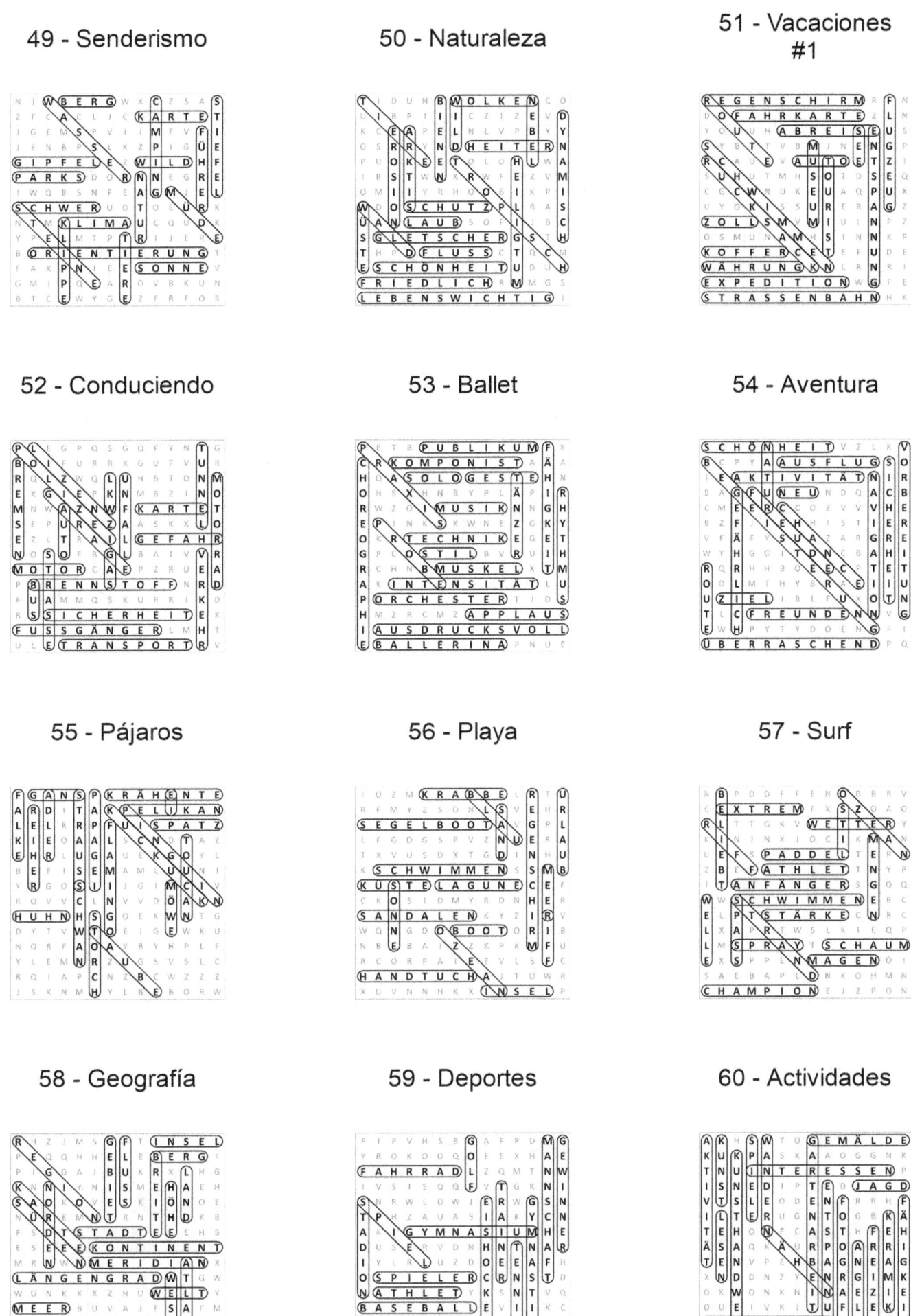

49 - Senderismo

50 - Naturaleza

51 - Vacaciones #1

52 - Conduciendo

53 - Ballet

54 - Aventura

55 - Pájaros

56 - Playa

57 - Surf

58 - Geografía

59 - Deportes

60 - Actividades

61 - Verduras

62 - Instrumentos Musicales

63 - Escalada

64 - Mascotas

65 - Formas

66 - Flores

67 - Astronomía

68 - Tiempo

69 - Paisajes

70 - Días y Meses

71 - Chocolate

72 - Barbacoas

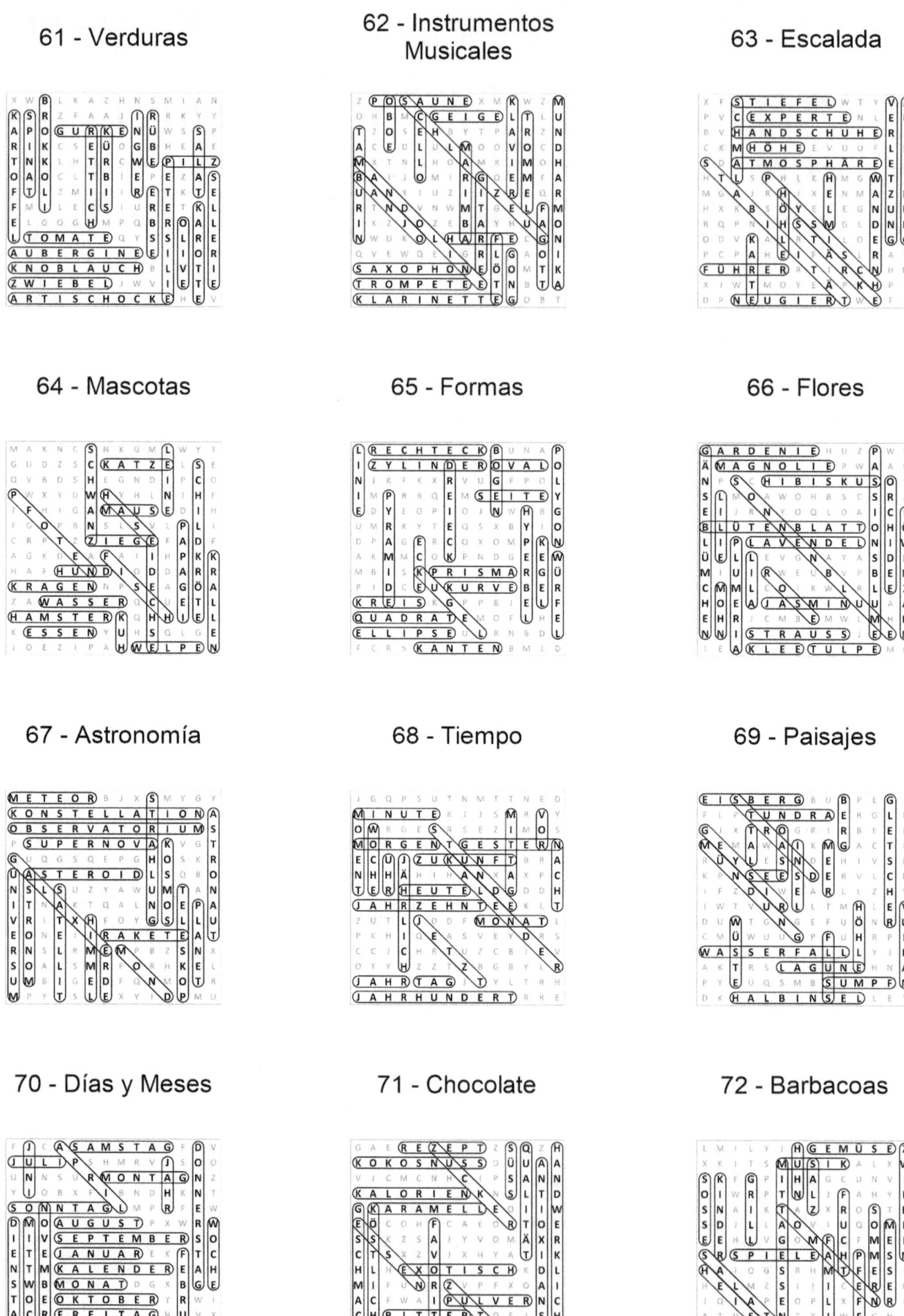

73 - Ropa

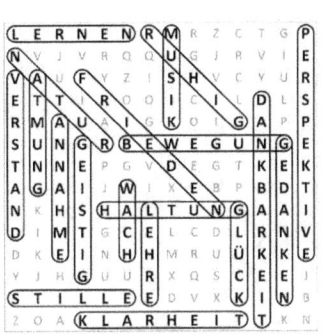

74 - Meditación

75 - Libros

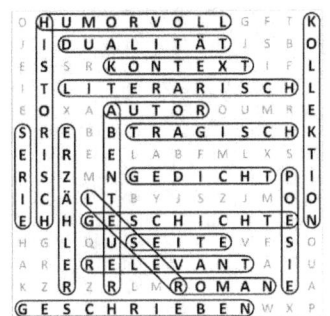

76 - Nutrición

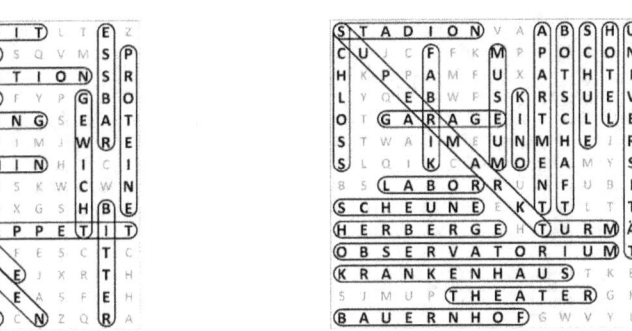

77 - Edificios

78 - Océano

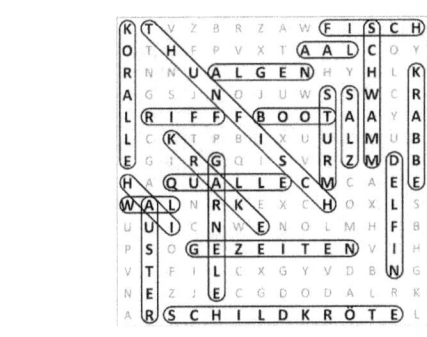

79 - Ciudad

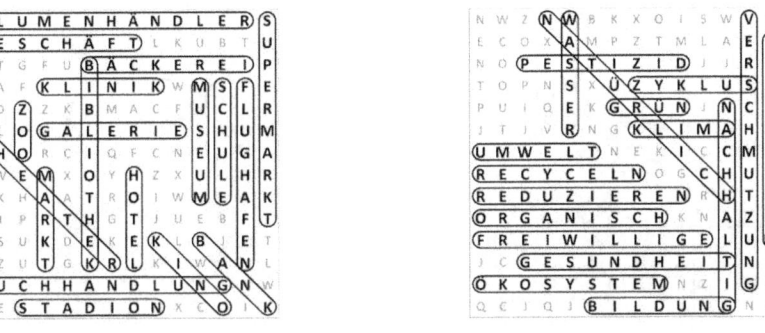

80 - Conservación

81 - Exploración

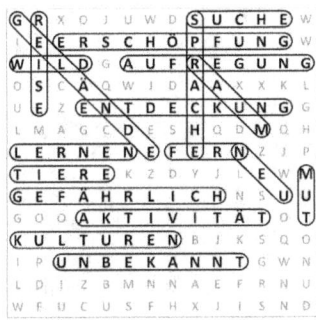

82 - Campeonato

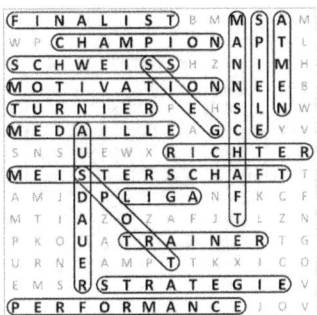

83 - Actividades y Ocio

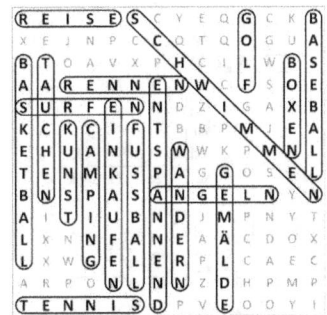

84 - Comida #1

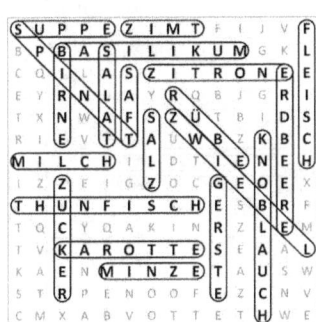

85 - Literatura

86 - Clima

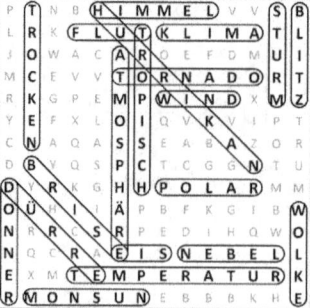

87 - Comida #2

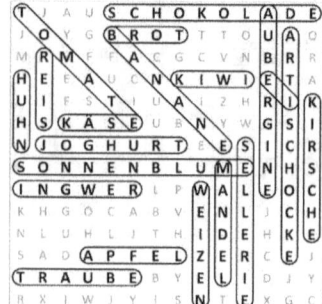

88 - Castillos

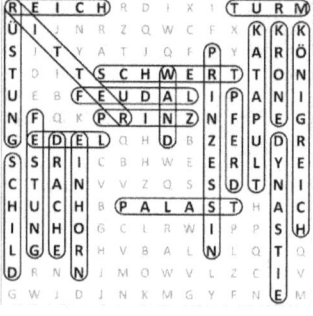

89 - Arte

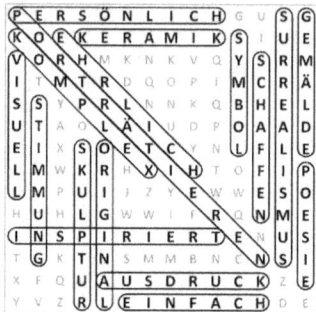

90 - Herboristería

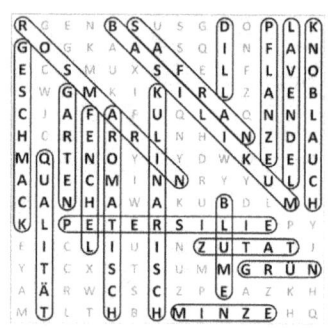

91 - Verano

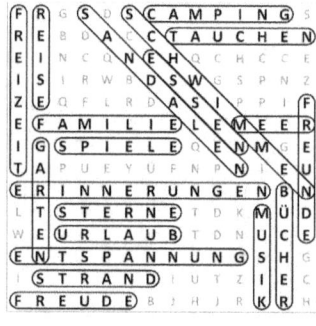

92 - Insectos

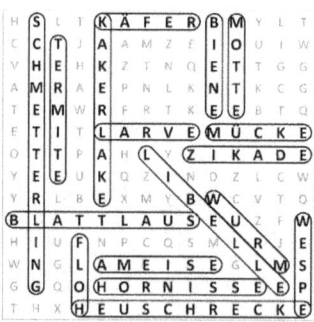

93 - Especias

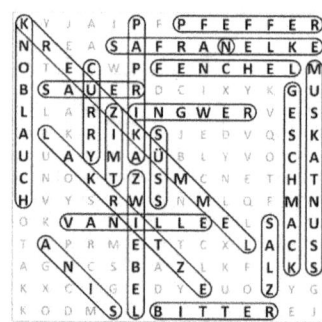

94 - Emociones

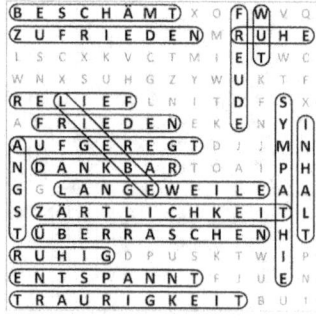

95 - Mediciones

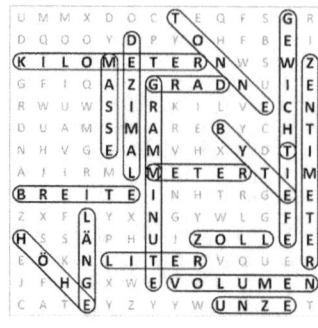

96 - Barcos

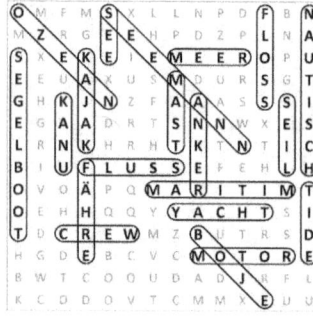

97 - Antártida

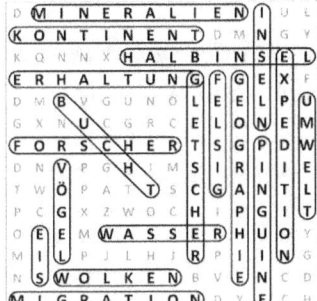

98 - Piratas

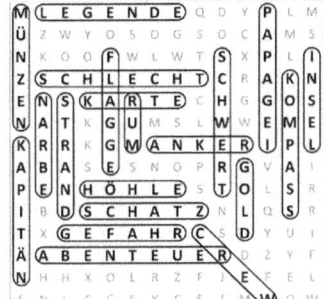

99 - Mamíferos

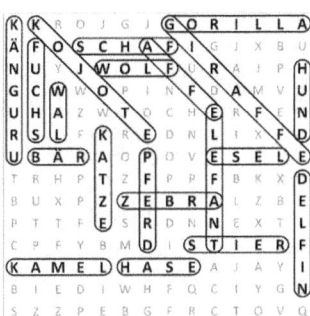

100 - Abejas

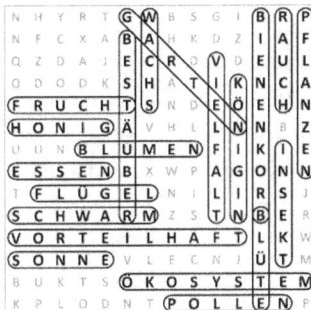

Diccionario

Abejas
Bienen

Alas	Flügel
Beneficioso	Vorteilhaft
Cera	Wachs
Colmena	Bienenkorb
Comida	Essen
Diversidad	Vielfalt
Ecosistema	Ökosystem
Enjambre	Schwarm
Flor	Blüte
Flores	Blumen
Fruta	Frucht
Humo	Rauch
Insecto	Insekt
Jardín	Garten
Miel	Honig
Plantas	Pflanzen
Polen	Pollen
Polinizador	Bestäuber
Reina	Königin
Sol	Sonne

Actividades
Aktivitäten

Actividad	Aktivität
Arte	Kunst
Artesanía	Kunsthandwerk
Caza	Jagd
Cerámica	Keramik
Costura	Nähen
Fotografía	Fotografie
Habilidad	Fähigkeit
Intereses	Interessen
Jardinería	Gartenarbeit
Juegos	Spiele
Lectura	Lesen
Magia	Magie
Ocio	Freizeit
Pesca	Angeln
Pintura	Gemälde
Placer	Vergnügen
Relajación	Entspannung
Senderismo	Wandern
Tejer	Stricken

Actividades y Ocio
Aktivitäten und Freizeit

Arte	Kunst
Baloncesto	Basketball
Béisbol	Baseball
Boxeo	Boxen
Buceo	Tauchen
Camping	Camping
Carreras	Rennen
Compras	Einkaufen
Fútbol	Fussball
Golf	Golf
Jardinería	Gartenarbeit
Natación	Schwimmen
Pesca	Angeln
Pintura	Gemälde
Relajante	Entspannend
Senderismo	Wandern
Surf	Surfen
Tenis	Tennis
Viaje	Reise
Voleibol	Volleyball

Adjetivos #1
Adjektive #1

Absoluto	Absolut
Activo	Aktiv
Ambicioso	Ehrgeizig
Aromático	Aromatisch
Atractivo	Attraktiv
Brillante	Hell
Enorme	Riesig
Generoso	Grosszügig
Grande	Gross
Honesto	Ehrlich
Importante	Wichtig
Inocente	Unschuldig
Joven	Jung
Lento	Langsam
Moderno	Modern
Oscuro	Dunkel
Perfecto	Perfekt
Pesado	Schwer
Serio	Ernst
Valioso	Wertvoll

Adjetivos #2
Adjektive #2

Cansado	Müde
Comestible	Essbar
Creativo	Kreativ
Descriptivo	Beschreibend
Dramático	Dramatisch
Dulce	Süss
Elegante	Elegant
Famoso	Berühmt
Fresco	Frisch
Fuerte	Stark
Interesante	Interessant
Natural	Natürlich
Normal	Normal
Nuevo	Neu
Orgulloso	Stolz
Picante	Würzig
Productivo	Produktiv
Salado	Salzig
Saludable	Gesund
Seco	Trocken

Agua
Wasser

Canal	Kanal
Ducha	Dusche
Evaporación	Verdunstung
Géiser	Geysir
Helada	Frost
Hielo	Eis
Humedad	Feuchtigkeit
Huracán	Hurrikan
Húmedo	Feucht
Inundación	Flut
Lago	See
Lluvia	Regen
Monzón	Monsun
Nieve	Schnee
Océano	Ozean
Olas	Wellen
Potable	Trinkbar
Riego	Bewässerung
Río	Fluss
Vapor	Dampf

Ajedrez
Schach

Aprender	Lernen
Blanco	Weiss
Campeón	Champion
Concurso	Wettbewerb
Diagonal	Diagonal
Estrategia	Strategie
Inteligente	Klug
Juego	Spiel
Jugador	Spieler
Negro	Schwarz
Oponente	Gegner
Pasivo	Passiv
Puntos	Punkte
Reglas	Regeln
Reina	Königin
Rey	König
Sacrificio	Opfer
Tiempo	Zeit
Torneo	Turnier

Antártida
Antarktis

Agua	Wasser
Bahía	Bucht
Conservación	Erhaltung
Continente	Kontinent
Expedición	Expedition
Geografía	Geographie
Glaciares	Gletscher
Hielo	Eis
Investigador	Forscher
Islas	Inseln
Medio Ambiente	Umwelt
Migración	Migration
Minerales	Mineralien
Nubes	Wolken
Pájaros	Vögel
Península	Halbinsel
Pingüinos	Pinguine
Rocoso	Felsig
Temperatura	Temperatur
Topografía	Topographie

Arte
Kunst

Cerámica	Keramik
Complejo	Komplex
Crear	Schaffen
Escultura	Skulptur
Expresión	Ausdruck
Honesto	Ehrlich
Humor	Stimmung
Inspirado	Inspiriert
Original	Original
Personal	Persönlich
Pinturas	Gemälde
Poesía	Poesie
Retratar	Porträtieren
Sencillo	Einfach
Símbolo	Symbol
Surrealismo	Surrealismus
Tema	Gegenstand
Visual	Visuell

Artes Visuales
Bildende Kunst

Arcilla	Ton
Arquitectura	Architektur
Artista	Künstler
Barniz	Lack
Caballete	Staffelei
Carbón	Holzkohle
Cera	Wachs
Cerámica	Keramik
Creatividad	Kreativität
Escultura	Skulptur
Fotografía	Foto
Lápiz	Bleistift
Obra Maestra	Meisterwerk
Película	Film
Perspectiva	Perspektive
Pintura	Gemälde
Plantilla	Schablone
Pluma	Stift
Retrato	Porträt
Tiza	Kreide

Astronomía
Astronomie

Asteroide	Asteroid
Astronauta	Astronaut
Astrónomo	Astronom
Cielo	Himmel
Cohete	Rakete
Constelación	Konstellation
Cosmos	Kosmos
Eclipse	Finsternis
Galaxia	Galaxie
Gravedad	Schwerkraft
Luna	Mond
Meteoro	Meteor
Observatorio	Observatorium
Planeta	Planet
Radiación	Strahlung
Satélite	Satellit
Supernova	Supernova
Telescopio	Teleskop
Tierra	Erde
Universo	Universum

Aventura
Abenteuer

Actividad	Aktivität
Alegría	Freude
Amigos	Freunde
Belleza	Schönheit
Destino	Ziel
Dificultad	Schwierigkeit
Entusiasmo	Begeisterung
Excursión	Ausflug
Inusual	Ungewöhnlich
Itinerario	Route
Naturaleza	Natur
Navegación	Navigation
Nuevo	Neu
Oportunidad	Chance
Peligroso	Gefährlich
Preparación	Vorbereitung
Seguridad	Sicherheit
Sorprendente	Überraschend
Valentía	Tapferkeit
Viajes	Reisen

Aviones
Flugzeuge

Aire	Luft
Altura	Höhe
Aterrizaje	Landung
Atmósfera	Atmosphäre
Aventura	Abenteuer
Cielo	Himmel
Combustible	Brennstoff
Construcción	Konstruktion
Dirección	Richtung
Diseño	Design
Globo	Ballon
Hélices	Propeller
Hidrógeno	Wasserstoff
Historia	Geschichte
Motor	Motor
Navegar	Navigieren
Pasajero	Passagier
Piloto	Pilot
Tripulación	Crew
Turbulencia	Turbulenz

Baile
Tanzen

Academia	Akademie
Alegre	Freudig
Arte	Kunst
Clásico	Klassisch
Coreografía	Choreographie
Cuerpo	Körper
Cultura	Kultur
Cultural	Kulturell
Emoción	Emotion
Ensayo	Probe
Expresivo	Ausdrucksvoll
Gracia	Anmut
Movimiento	Bewegung
Música	Musik
Postura	Haltung
Ritmo	Rhythmus
Saltar	Springen
Socio	Partner
Tradicional	Traditionell
Visual	Visuell

Ballet
Ballett

Aplauso	Applaus
Artístico	Künstlerisch
Audiencia	Publikum
Bailarina	Ballerina
Bailarines	Tänzer
Compositor	Komponist
Coreografía	Choreographie
Ensayo	Probe
Estilo	Stil
Expresivo	Ausdrucksvoll
Gesto	Geste
Habilidad	Fähigkeit
Intensidad	Intensität
Músculos	Muskel
Música	Musik
Orquesta	Orchester
Práctica	Praxis
Ritmo	Rhythmus
Solo	Solo
Técnica	Technik

Barbacoas
Barbecues

Almuerzo	Mittagessen
Caliente	Heiss
Cebollas	Zwiebeln
Cena	Abendessen
Cuchillos	Messer
Ensaladas	Salate
Familia	Familie
Fruta	Frucht
Hambre	Hunger
Juegos	Spiele
Música	Musik
Niños	Kinder
Parrilla	Grill
Pimienta	Pfeffer
Pollo	Huhn
Sal	Salz
Salsa	Sosse
Tomates	Tomaten
Verano	Sommer
Verduras	Gemüse

Barcos
Boote

Ancla	Anker
Balsa	Floss
Boya	Boje
Canoa	Kanu
Cuerda	Seil
Ferry	Fähre
Kayak	Kajak
Lago	See
Mar	Meer
Marea	Tide
Marinero	Seemann
Marítimo	Maritim
Mástil	Mast
Motor	Motor
Náutico	Nautisch
Océano	Ozean
Río	Fluss
Tripulación	Crew
Velero	Segelboot
Yate	Yacht

Campeonato
Meisterschaft

Campeonato	Meisterschaft
Campeón	Champion
Deportes	Sport
Entrenador	Trainer
Equipo	Mannschaft
Estrategia	Strategie
Finalista	Finalist
Juegos	Spiele
Juez	Richter
Liga	Liga
Medalla	Medaille
Motivación	Motivation
Rendimiento	Performance
Resistencia	Ausdauer
Respirar	Atmen
Torneo	Turnier
Transpiración	Schweiss
Victoria	Sieg

Camping
Camping

Animales	Tiere
Aventura	Abenteuer
Árboles	Bäume
Bosque	Wald
Brújula	Kompass
Cabina	Kabine
Canoa	Kanu
Caza	Jagd
Cuerda	Seil
Equipo	Ausrüstung
Fuego	Feuer
Hamaca	Hängematte
Insecto	Insekt
Lago	See
Linterna	Laterne
Luna	Mond
Mapa	Karte
Montaña	Berg
Naturaleza	Natur
Sombrero	Hut

Casa
Haus

Alfombra	Teppich
Ático	Dachboden
Biblioteca	Bibliothek
Chimenea	Kamin
Cocina	Küche
Dormitorio	Schlafzimmer
Ducha	Dusche
Escoba	Besen
Espejo	Spiegel
Garaje	Garage
Grifo	Wasserhahn
Jardín	Garten
Lámpara	Lampe
Pared	Wand
Piso	Boden
Puerta	Tür
Sótano	Keller
Techo	Dach
Valla	Zaun
Ventana	Fenster

Castillos
Schlösser

Armadura	Rüstung
Caballero	Ritter
Caballo	Pferd
Catapulta	Katapult
Corona	Krone
Dinastía	Dynastie
Dragón	Drache
Escudo	Schild
Espada	Schwert
Feudal	Feudal
Fortaleza	Festung
Imperio	Reich
Noble	Edel
Palacio	Palast
Pared	Wand
Princesa	Prinzessin
Príncipe	Prinz
Reino	Königreich
Torre	Turm
Unicornio	Einhorn

Chocolate
Schokolade

Amargo	Bitter
Antioxidante	Antioxidans
Aroma	Aroma
Artesanal	Handwerklich
Azúcar	Zucker
Cacahuetes	Erdnüsse
Cacao	Kakao
Calidad	Qualität
Calorías	Kalorien
Caramelo	Karamell
Coco	Kokosnuss
Comer	Essen
Delicioso	Köstlich
Dulce	Süss
Exótico	Exotisch
Favorito	Favorit
Gusto	Geschmack
Ingrediente	Zutat
Polvo	Pulver
Receta	Rezept

Ciencia
Wissenschaft

Átomo	Atom
Clima	Klima
Datos	Daten
Evolución	Evolution
Experimento	Experiment
Física	Physik
Fósil	Fossil
Gravedad	Schwerkraft
Hecho	Tatsache
Hipótesis	Hypothese
Laboratorio	Labor
Método	Methode
Minerales	Mineralien
Moléculas	Moleküle
Naturaleza	Natur
Organismo	Organismus
Partículas	Partikel
Plantas	Pflanzen
Químico	Chemisch

Ciencia Ficción
Science Fiction

Atómico	Atomic
Cine	Kino
Distante	Fern
Explosión	Explosion
Extremo	Extrem
Fantástico	Fantastisch
Fuego	Feuer
Futurista	Futuristisch
Galaxia	Galaxie
Ilusión	Illusion
Imaginario	Imaginär
Libros	Bücher
Misterioso	Geheimnisvoll
Mundo	Welt
Oráculo	Orakel
Planeta	Planet
Realista	Realistisch
Robots	Roboter
Tecnología	Technologie
Utopía	Utopie

Circo
Zirkus

Acróbata	Akrobat
Animales	Tiere
Carpa	Zelt
Desfile	Parade
Elefante	Elefant
Entretener	Unterhalten
Espectacular	Spektakulär
Espectador	Zuschauer
Globos	Ballons
León	Löwe
Magia	Magie
Mago	Zauberer
Malabarista	Jongleur
Mono	Affe
Mostrar	Zeigen
Música	Musik
Payaso	Clown
Tigre	Tiger
Traje	Kostüm
Truco	Trick

Ciudad
Stadt

Aeropuerto	Flughafen
Banco	Bank
Biblioteca	Bibliothek
Cine	Kino
Clínica	Klinik
Escuela	Schule
Estadio	Stadion
Farmacia	Apotheke
Florista	Blumenhändler
Galería	Galerie
Hotel	Hotel
Librería	Buchhandlung
Mercado	Markt
Museo	Museum
Panadería	Bäckerei
Supermercado	Supermarkt
Teatro	Theater
Tienda	Geschäft
Universidad	Universität
Zoo	Zoo

Clima
Wetter

Atmósfera	Atmosphäre
Brisa	Brise
Cielo	Himmel
Clima	Klima
Hielo	Eis
Huracán	Hurrikan
Inundación	Flut
Monzón	Monsun
Niebla	Nebel
Nube	Wolke
Polar	Polar
Rayo	Blitz
Seco	Trocken
Sequía	Dürre
Temperatura	Temperatur
Tormenta	Sturm
Tornado	Tornado
Tropical	Tropisch
Trueno	Donner
Viento	Wind

Cocina
Küche

Caldera	Wasserkocher
Comida	Essen
Cucharas	Löffel
Cucharón	Kelle
Cuchillos	Messer
Delantal	Schürze
Especias	Gewürze
Esponja	Schwamm
Horno	Ofen
Jarra	Krug
Palillos	Essstäbchen
Parrilla	Grill
Receta	Rezept
Refrigerador	Kühlschrank
Servilleta	Serviette
Tazas	Tassen
Tazón	Schüssel
Tenedores	Gabeln

Colores
Farben

Amarillo	Gelb
Azul	Blau
Azur	Azurblau
Beige	Beige
Blanco	Weiss
Carmesí	Purpur
Cian	Zyan
Fucsia	Fuchsie
Gris	Grau
Índigo	Indigo
Magenta	Magenta
Marrón	Braun
Naranja	Orange
Negro	Schwarz
Púrpura	Lila
Rojo	Rot
Rosa	Rosa
Sepia	Sepia
Verde	Grün
Violeta	Violett

Comida #1
Essen #1

Ajo	Knoblauch
Albahaca	Basilikum
Atún	Thunfisch
Azúcar	Zucker
Canela	Zimt
Carne	Fleisch
Cebada	Gerste
Cebolla	Zwiebel
Ensalada	Salat
Espinacas	Spinat
Fresa	Erdbeere
Jugo	Saft
Leche	Milch
Limón	Zitrone
Menta	Minze
Nabo	Rübe
Pera	Birne
Sal	Salz
Sopa	Suppe
Zanahoria	Karotte

Comida #2
Essen #2

Alcachofa	Artischocke
Almendra	Mandel
Apio	Sellerie
Arroz	Reis
Berenjena	Aubergine
Cereza	Kirsche
Chocolate	Schokolade
Girasol	Sonnenblume
Huevo	Ei
Jengibre	Ingwer
Kiwi	Kiwi
Manzana	Apfel
Pan	Brot
Plátano	Banane
Pollo	Huhn
Queso	Käse
Tomate	Tomate
Trigo	Weizen
Uva	Traube
Yogur	Joghurt

Conduciendo
Fahren

Accidente	Unfall
Autobús	Bus
Calle	Strasse
Camión	Lkw
Coche	Auto
Combustible	Brennstoff
Frenos	Bremsen
Garaje	Garage
Gas	Gas
Licencia	Lizenz
Mapa	Karte
Motocicleta	Motorrad
Motor	Motor
Peatonal	Fussgänger
Peligro	Gefahr
Policía	Polizei
Seguridad	Sicherheit
Transporte	Transport
Tráfico	Verkehr
Túnel	Tunnel

Conservación
Erhaltung

Agua	Wasser
Ambiental	Umwelt
Ciclo	Zyklus
Clima	Klima
Contaminación	Verschmutzung
Ecosistema	Ökosystem
Educación	Bildung
Hábitat	Lebensraum
Natural	Natürlich
Orgánico	Organisch
Pesticida	Pestizid
Reciclar	Recyceln
Reducir	Reduzieren
Salud	Gesundheit
Sostenible	Nachhaltig
Verde	Grün
Voluntario	Freiwillige

Cuerpo Humano
Menschlicher Körper

Barbilla	Kinn
Boca	Mund
Cabeza	Kopf
Cara	Gesicht
Cerebro	Gehirn
Codo	Ellbogen
Corazón	Herz
Cuello	Hals
Dedo	Finger
Hombro	Schulter
Lengua	Zunge
Mano	Hand
Nariz	Nase
Ojo	Auge
Oreja	Ohr
Piel	Haut
Pierna	Bein
Rodilla	Knie
Sangre	Blut
Tobillo	Knöchel

Cumpleaños
Geburtstag

Alegre	Freudig
Amigos	Freunde
Año	Jahr
Aprender	Lernen
Calendario	Kalender
Canción	Lied
Celebración	Feier
Día	Tag
Especial	Spezial
Feliz	Glücklich
Invitaciones	Einladungen
Joven	Jung
Partido	Partei
Pastel	Kuchen
Recuerdos	Erinnerungen
Regalo	Geschenk
Sabiduría	Weisheit
Tarjetas	Karten
Tiempo	Zeit
Velas	Kerzen

Deportes
Sport

Atleta	Athlet
Baloncesto	Basketball
Béisbol	Baseball
Bicicleta	Fahrrad
Campeonato	Meisterschaft
Entrenador	Trainer
Equipo	Mannschaft
Estadio	Stadion
Ganador	Gewinner
Gimnasia	Gymnastik
Gimnasio	Gymnasium
Golf	Golf
Hockey	Eishockey
Juego	Spiel
Jugador	Spieler
Movimiento	Bewegung
Nadar	Schwimmen
Tenis	Tennis

Dinosaurios
Dinosaurier

Alas	Flügel
Cola	Schwanz
Desaparición	Verschwinden
Enorme	Enorm
Especie	Art
Evolución	Evolution
Fósiles	Fossilien
Grande	Gross
Mamut	Mammut
Omnívoro	Allesfresser
Prehistórico	Prähistorisch
Presa	Beute
Raptor	Raubvogel
Reptil	Reptil
Tamaño	Grösse
Tierra	Erde
Vicioso	Bösartig

Disciplinas Científicas
Wissenschaftliche Disziplinen

Anatomía	Anatomie
Arqueología	Archäologie
Astronomía	Astronomie
Biología	Biologie
Bioquímica	Biochemie
Botánica	Botanik
Ecología	Ökologie
Fisiología	Physiologie
Geología	Geologie
Inmunología	Immunologie
Lingüística	Linguistik
Mecánica	Mechanik
Meteorología	Meteorologie
Mineralogía	Mineralogie
Neurología	Neurologie
Psicología	Psychologie
Química	Chemie
Sociología	Soziologie
Termodinámica	Thermodynamik
Zoología	Zoologie

Días y Meses
Tage und Monate

Abril	April
Agosto	August
Año	Jahr
Calendario	Kalender
Domingo	Sonntag
Enero	Januar
Febrero	Februar
Jueves	Donnerstag
Julio	Juli
Junio	Juni
Lunes	Montag
Martes	Dienstag
Mes	Monat
Miércoles	Mittwoch
Noviembre	November
Octubre	Oktober
Sábado	Samstag
Semana	Woche
Septiembre	September
Viernes	Freitag

Ecología
Ökologie

Clima	Klima
Comunidades	Gemeinschaft
Diversidad	Vielfalt
Especie	Art
Fauna	Fauna
Flora	Flora
Global	Global
Hábitat	Lebensraum
Marino	Marine
Montañas	Berge
Natural	Natürlich
Naturaleza	Natur
Pantano	Sumpf
Plantas	Pflanzen
Recursos	Ressourcen
Sequía	Dürre
Sostenible	Nachhaltig
Supervivencia	Überleben
Vegetación	Vegetation
Voluntarios	Freiwillige

Edificios
Gebäude

Albergue	Herberge
Apartamento	Apartment
Castillo	Schloss
Cine	Kino
Embajada	Botschaft
Escuela	Schule
Estadio	Stadion
Fábrica	Fabrik
Garaje	Garage
Granero	Scheune
Granja	Bauernhof
Hospital	Krankenhaus
Hotel	Hotel
Laboratorio	Labor
Museo	Museum
Observatorio	Observatorium
Supermercado	Supermarkt
Teatro	Theater
Torre	Turm
Universidad	Universität

Emociones
Emotionen

Aburrimiento	Langeweile
Agradecido	Dankbar
Alegría	Freude
Alivio	Relief
Amor	Liebe
Avergonzado	Beschämt
Calma	Ruhig
Contenido	Inhalt
Emocionado	Aufgeregt
Ira	Wut
Miedo	Angst
Paz	Frieden
Relajado	Entspannt
Satisfecho	Zufrieden
Simpatía	Sympathie
Sorpresa	Überraschen
Ternura	Zärtlichkeit
Tranquilidad	Ruhe
Tristeza	Traurigkeit

Escalada
Klettern

Altitud	Höhe
Atmósfera	Atmosphäre
Botas	Stiefel
Casco	Helm
Cueva	Höhle
Curiosidad	Neugier
Estabilidad	Stabilität
Estrecho	Schmal
Experto	Experte
Físico	Physisch
Formación	Ausbildung
Fuerza	Stärke
Guantes	Handschuhe
Guías	Führer
Lesión	Verletzung
Mapa	Karte
Senderismo	Wandern
Terreno	Gelände

Escuela #1
Schule #1

Alfabeto	Alphabet
Almuerzo	Mittagessen
Amigos	Freunde
Aprender	Lernen
Aula	Klassenzimmer
Biblioteca	Bibliothek
Carpetas	Ordner
Diversión	Spass
Escritorio	Schreibtisch
Examen	Quiz
Exámenes	Prüfungen
Lápiz	Bleistift
Libros	Bücher
Matemática	Mathematik
Números	Zahlen
Papel	Papier
Plumas	Stifte
Profesor	Lehrer
Respuestas	Antworten
Silla	Stuhl

Escuela #2
Schule #2

Académico	Akademisch
Autobús	Bus
Biblioteca	Bibliothek
Calendario	Kalender
Ciencia	Wissenschaft
Diccionario	Wörterbuch
Educación	Bildung
Gramática	Grammatik
Juegos	Spiele
Lápiz	Bleistift
Lectura	Lesen
Libros	Bücher
Literatura	Literatur
Mochila	Rucksack
Ordenador	Computer
Papel	Papier
Profesor	Lehrer
Ropa	Kleider
Suministros	Vorräte
Tijeras	Schere

Especias
Gewürze

Agrio	Sauer
Ajo	Knoblauch
Amargo	Bitter
Anís	Anis
Azafrán	Safran
Canela	Zimt
Cebolla	Zwiebel
Clavo	Nelke
Comino	Kreuzkümmel
Curry	Curry
Dulce	Süss
Hinojo	Fenchel
Jengibre	Ingwer
Nuez Moscada	Muskatnuss
Pimentón	Paprika
Pimienta	Pfeffer
Regaliz	Lakritze
Sabor	Geschmack
Sal	Salz
Vainilla	Vanille

Exploración
Erforschung

Actividad	Aktivität
Agotamiento	Erschöpfung
Animales	Tiere
Aprender	Lernen
Búsqueda	Suche
Coraje	Mut
Culturas	Kulturen
Desconocido	Unbekannt
Descubrimiento	Entdeckung
Distante	Fern
Emoción	Aufregung
Espacio	Raum
Idioma	Sprache
Nuevo	Neu
Peligroso	Gefährlich
Salvaje	Wild
Terreno	Gelände
Viaje	Reise

Familia
Familie

Abuela	Grossmutter
Abuelo	Grossvater
Antepasado	Vorfahr
Esposa	Ehefrau
Hermana	Schwester
Hermano	Bruder
Hija	Tochter
Infancia	Kindheit
Madre	Mutter
Marido	Ehemann
Materno	Mütterlich
Nieto	Enkel
Niño	Kind
Niños	Kinder
Padre	Vater
Primo	Vetter
Sobrina	Nichte
Sobrino	Neffe
Tía	Tante
Tío	Onkel

Flores
Blumen

Amapola	Mohn
Diente de León	Löwenzahn
Gardenia	Gardenie
Girasol	Sonnenblume
Hibisco	Hibiskus
Jazmín	Jasmin
Lavanda	Lavendel
Lila	Lila
Lirio	Lilie
Magnolia	Magnolie
Margarita	Gänseblümchen
Orquídea	Orchidee
Pasionaria	Passionsblume
Peonía	Pfingstrose
Pétalo	Blütenblatt
Plumeria	Plumeria
Ramo	Strauss
Rosa	Rose
Trébol	Klee
Tulipán	Tulpe

Formas
Formen

Arco	Bogen
Bordes	Kanten
Cilindro	Zylinder
Círculo	Kreis
Cono	Kegel
Cuadrado	Quadrat
Cubo	Würfel
Curva	Kurve
Elipse	Ellipse
Esfera	Kugel
Esquina	Ecke
Hipérbola	Hyperbel
Lado	Seite
Línea	Linie
Oval	Oval
Pirámide	Pyramide
Polígono	Polygon
Prisma	Prisma
Rectángulo	Rechteck
Triángulo	Dreieck

Fruta
Obst

Aguacate	Avocado
Albaricoque	Aprikose
Baya	Beere
Cereza	Kirsche
Coco	Kokosnuss
Frambuesa	Himbeere
Guayaba	Guave
Kiwi	Kiwi
Limón	Zitrone
Mango	Mango
Manzana	Apfel
Melocotón	Pfirsich
Melón	Melone
Naranja	Orange
Nectarina	Nektarine
Papaya	Papaya
Pera	Birne
Piña	Ananas
Plátano	Banane
Uva	Traube

Gatos
Katzen

Afectuoso	Liebevoll
Cazador	Jäger
Cola	Schwanz
Curioso	Neugierig
Dormir	Schlafen
Garra	Kralle
Gracioso	Komisch
Hilo	Garn
Independiente	Unabhängig
Juguetón	Verspielt
Loco	Verrückt
Pata	Pfote
Piel	Fell
Poco	Wenig
Ratón	Maus
Rápido	Schnell
Salvaje	Wild
Tímido	Schüchtern

Geografía
Geographie

Altitud	Höhe
Atlas	Atlas
Ciudad	Stadt
Continente	Kontinent
Hemisferio	Hemisphäre
Isla	Insel
Latitud	Breite
Longitud	Längengrad
Mapa	Karte
Mar	Meer
Meridiano	Meridian
Montaña	Berg
Mundo	Welt
Norte	Norden
Oeste	West
País	Land
Región	Region
Río	Fluss
Sur	Süden
Territorio	Gebiet

Geología
Geologie

Ácido	Säure
Calcio	Kalzium
Capa	Schicht
Caverna	Höhle
Continente	Kontinent
Coral	Koralle
Cristales	Kristalle
Cuarzo	Quarz
Erosión	Erosion
Estalactita	Stalaktit
Estalagmitas	Stalagmiten
Fósil	Fossil
Géiser	Geysir
Lava	Lava
Meseta	Plateau
Minerales	Mineralien
Piedra	Stein
Sal	Salz
Terremoto	Erdbeben
Volcán	Vulkan

Granja #1
Bauernhof #1

Abeja	Biene
Agua	Wasser
Arroz	Reis
Burro	Esel
Caballo	Pferd
Cabra	Ziege
Campo	Feld
Cuervo	Krähe
Fertilizante	Dünger
Gato	Katze
Heno	Heu
Miel	Honig
Perro	Hund
Pollo	Huhn
Rebaño	Herde
Semillas	Saat
Ternero	Kalb
Tierra	Land
Vaca	Kuh
Valla	Zaun

Granja #2
Bauernhof #2

Agricultor	Bauer
Animales	Tiere
Cebada	Gerste
Colmena	Bienenstock
Comida	Essen
Cordero	Lamm
Fruta	Frucht
Granero	Scheune
Huerto	Obstgarten
Leche	Milch
Llama	Lama
Maíz	Mais
Oveja	Schaf
Pastor	Schäfer
Pato	Ente
Prado	Wiese
Riego	Bewässerung
Tractor	Traktor
Trigo	Weizen
Vegetal	Gemüse

Herboristería
Kräuterkunde

Ajo	Knoblauch
Albahaca	Basilikum
Aromático	Aromatisch
Azafrán	Safran
Calidad	Qualität
Culinario	Kulinarisch
Eneldo	Dill
Estragón	Estragon
Flor	Blume
Hinojo	Fenchel
Ingrediente	Zutat
Jardín	Garten
Lavanda	Lavendel
Mejorana	Majoran
Menta	Minze
Perejil	Petersilie
Planta	Pflanze
Romero	Rosmarin
Sabor	Geschmack
Verde	Grün

Herramientas
Tools

Alicates	Zange
Antorcha	Fackel
Cable	Kabel
Cuchillo	Messer
Cuerda	Seil
Escalera	Leiter
Grapa	Heftklammer
Grapadora	Hefter
Hacha	Axt
Martillo	Hammer
Navaja	Rasierer
Pala	Schaufel
Pegamento	Leim
Regla	Lineal
Rueda	Rad
Tijeras	Schere
Tornillo	Schraube

Insectos
Insekten

Abeja	Biene
Avispa	Wespe
Avispón	Hornisse
Áfido	Blattlaus
Cigarra	Zikade
Cucaracha	Kakerlake
Escarabajo	Käfer
Gusano	Wurm
Hormiga	Ameise
Larva	Larve
Libélula	Libelle
Mariposa	Schmetterling
Mariquita	Marienkäfer
Mosquito	Mücke
Polilla	Motte
Pulga	Floh
Saltamontes	Heuschrecke
Termita	Termite

Instrumentos Musicales
Musikinstrumente

Armónica	Mundharmonika
Arpa	Harfe
Banjo	Banjo
Clarinete	Klarinette
Fagot	Fagott
Flauta	Flöte
Gong	Gong
Guitarra	Gitarre
Mandolina	Mandoline
Marimba	Marimba
Oboe	Oboe
Pandereta	Tamburin
Percusión	Schlagzeug
Piano	Klavier
Saxofón	Saxophon
Tambor	Trommel
Trombón	Posaune
Trompeta	Trompete
Violín	Geige
Violonchelo	Cello

Jardín
Garten

Arbusto	Busch
Árbol	Baum
Banco	Bank
Césped	Rasen
Estanque	Teich
Flor	Blume
Garaje	Garage
Hamaca	Hängematte
Hierba	Gras
Huerto	Obstgarten
Jardín	Garten
Malezas	Unkraut
Manguera	Schlauch
Pala	Schaufel
Porche	Veranda
Rastrillo	Rechen
Suelo	Boden
Terraza	Terrasse
Trampolín	Trampolin
Valla	Zaun

Juguetes
Spielzeuge

Ajedrez	Schach
Arcilla	Ton
Artesanía	Kunsthandwerk
Avión	Flugzeug
Barco	Boot
Bicicleta	Fahrrad
Bola	Ball
Camión	Lkw
Coche	Auto
Cometa	Drachen
Favorito	Favorit
Imaginación	Phantasie
Juegos	Spiele
Libros	Bücher
Muñeca	Puppe
Robot	Roboter
Rompecabezas	Puzzle
Tambores	Schlagzeug
Tren	Zug

Libros
Bücher

Autor	Autor
Aventura	Abenteuer
Colección	Kollektion
Contexto	Kontext
Dualidad	Dualität
Escrito	Geschrieben
Historia	Geschichte
Histórico	Historisch
Humorístico	Humorvoll
Inventivo	Erfinderisch
Lector	Leser
Literario	Literarisch
Narrador	Erzähler
Novela	Roman
Página	Seite
Pertinente	Relevant
Poema	Gedicht
Poesía	Poesie
Serie	Serie
Trágico	Tragisch

Literatura
Literatur

Analogía	Analogie
Análisis	Analyse
Anécdota	Anekdote
Autor	Autor
Biografía	Biographie
Comparación	Vergleich
Descripción	Beschreibung
Diálogo	Dialog
Estilo	Stil
Ficción	Fiktion
Metáfora	Metapher
Narrador	Erzähler
Novela	Roman
Opinión	Meinung
Poema	Gedicht
Poético	Poetisch
Rima	Reim
Ritmo	Rhythmus
Tema	Thema
Tragedia	Tragödie

Mamíferos
Säugetiere

Ballena	Wal
Burro	Esel
Caballo	Pferd
Camello	Kamel
Canguro	Känguru
Cebra	Zebra
Conejo	Hase
Coyote	Kojote
Delfín	Delfin
Elefante	Elefant
Gato	Katze
Gorila	Gorilla
Jirafa	Giraffe
Lobo	Wolf
Mono	Affe
Oso	Bär
Oveja	Schaf
Perro	Hund
Toro	Stier
Zorro	Fuchs

Mascotas
Haustiere

Agua	Wasser
Cabra	Ziege
Cachorro	Welpe
Cola	Schwanz
Collar	Kragen
Comida	Essen
Conejo	Hase
Correa	Leine
Garras	Krallen
Gato	Katze
Hámster	Hamster
Lagarto	Eidechse
Loro	Papagei
Patas	Pfoten
Perro	Hund
Pescado	Fisch
Ratón	Maus
Tortuga	Schildkröte
Vaca	Kuh
Veterinario	Tierarzt

Matemáticas
Mathematik

Aritmética	Arithmetik
Ángulos	Winkel
Circunferencia	Umfang
Cuadrado	Quadrat
Decimal	Dezimal
Diámetro	Durchmesser
Ecuación	Gleichung
Esfera	Kugel
Exponente	Exponent
Fracción	Bruchteil
Geometría	Geometrie
Números	Zahlen
Paralelo	Parallel
Perpendicular	Senkrecht
Polígono	Polygon
Radio	Radius
Rectángulo	Rechteck
Simetría	Symmetrie
Triángulo	Dreieck
Volumen	Volumen

Mediciones
Messungen

Altura	Höhe
Ancho	Breite
Byte	Byte
Centímetro	Zentimeter
Decimal	Dezimal
Grado	Grad
Gramo	Gramm
Kilogramo	Kilogramm
Kilómetro	Kilometer
Litro	Liter
Longitud	Länge
Masa	Masse
Metro	Meter
Minuto	Minute
Onza	Unze
Peso	Gewicht
Profundidad	Tiefe
Pulgada	Zoll
Tonelada	Tonne
Volumen	Volumen

Meditación
Meditation

Aceptación	Annahme
Aprender	Lernen
Calma	Ruhig
Claridad	Klarheit
Compasión	Mitgefühl
Despierto	Wach
Enseñanzas	Lehre
Felicidad	Glück
Gratitud	Dankbarkeit
Mental	Geistig
Mente	Verstand
Movimiento	Bewegung
Música	Musik
Naturaleza	Natur
Paz	Frieden
Pensamientos	Gedanken
Perspectiva	Perspektive
Postura	Haltung
Respiración	Atmung
Silencio	Stille

Mitología
Mythologie

Arquetipo	Archetyp
Celos	Eifersucht
Cielo	Himmel
Comportamiento	Verhalten
Creación	Kreation
Criatura	Kreatur
Cultura	Kultur
Deidades	Gottheiten
Desastre	Katastrophe
Fuerza	Stärke
Guerrero	Krieger
Heroína	Heldin
Héroe	Held
Laberinto	Labyrinth
Leyenda	Legende
Monstruo	Monster
Mortal	Sterblich
Rayo	Blitz
Trueno	Donner
Venganza	Rache

Mueble
Möbel

Alfombra	Teppich
Almohada	Kissen
Armario	Schrank
Banco	Bank
Cama	Bett
Colchón	Matratze
Cortinas	Vorhang
Cómoda	Kommode
Edredones	Bettdecke
Escritorio	Schreibtisch
Espejo	Spiegel
Estantería	Bücherregal
Estantes	Regal
Futón	Futon
Hamaca	Hängematte
Lámpara	Lampe
Silla	Stuhl
Sillón	Sessel
Sofá	Couch

Naturaleza
Natur

Abejas	Bienen
Animales	Tiere
Ártico	Arktis
Belleza	Schönheit
Bosque	Wald
Desierto	Wüste
Dinámico	Dynamisch
Erosión	Erosion
Follaje	Laub
Glaciar	Gletscher
Niebla	Nebel
Nubes	Wolken
Pacífico	Friedlich
Refugio	Schutz
Río	Fluss
Salvaje	Wild
Santuario	Heiligtum
Sereno	Heiter
Tropical	Tropisch
Vital	Lebenswichtig

Nutrición
Ernährung

Amargo	Bitter
Apetito	Appetit
Calidad	Qualität
Calorías	Kalorien
Carbohidratos	Kohlenhydrate
Cereales	Getreide
Comestible	Essbar
Dieta	Diät
Digestión	Verdauung
Equilibrado	Ausgewogen
Fermentación	Fermentation
Nutriente	Nährstoff
Peso	Gewicht
Proteínas	Proteine
Sabor	Geschmack
Salsa	Sosse
Salud	Gesundheit
Saludable	Gesund
Toxina	Toxin
Vitamina	Vitamin

Números
Zahlen

Catorce	Vierzehn
Cero	Null
Cinco	Fünf
Cuatro	Vier
Decimal	Dezimal
Diecinueve	Neunzehn
Dieciocho	Achtzehn
Dieciséis	Sechzehn
Diecisiete	Siebzehn
Diez	Zehn
Doce	Zwölf
Dos	Zwei
Nueve	Neun
Ocho	Acht
Quince	Fünfzehn
Seis	Sechs
Siete	Sieben
Trece	Dreizehn
Tres	Drei
Veinte	Zwanzig

Océano
Ozean

Alga	Algen
Anguila	Aal
Arrecife	Riff
Atún	Thunfisch
Ballena	Wal
Barco	Boot
Camarón	Garnele
Cangrejo	Krabbe
Coral	Koralle
Delfín	Delfin
Esponja	Schwamm
Mareas	Gezeiten
Medusa	Qualle
Ostra	Auster
Pescado	Fisch
Pulpo	Krake
Sal	Salz
Tiburón	Hai
Tormenta	Sturm
Tortuga	Schildkröte

Paisajes
Landschaften

Cascada	Wasserfall
Cueva	Höhle
Desierto	Wüste
Estuario	Mündung
Géiser	Geysir
Glaciar	Gletscher
Iceberg	Eisberg
Isla	Insel
Lago	See
Laguna	Lagune
Mar	Meer
Montaña	Berg
Oasis	Oase
Pantano	Sumpf
Península	Halbinsel
Playa	Strand
Río	Fluss
Tundra	Tundra
Valle	Tal
Volcán	Vulkan

Países #2
Länder #2

Albania	Albanien
Australia	Australien
Austria	Österreich
Dinamarca	Dänemark
Etiopía	Äthiopien
Francia	Frankreich
Grecia	Griechenland
Indonesia	Indonesien
Irlanda	Irland
Jamaica	Jamaika
Japón	Japan
Laos	Laos
México	Mexiko
Pakistán	Pakistan
Portugal	Portugal
Rusia	Russland
Siria	Syrien
Sudán	Sudan
Ucrania	Ukraine
Uganda	Uganda

Pájaros
Vögel

Avestruz	Strauss
Águila	Adler
Cigüeña	Storch
Cisne	Schwan
Cuco	Kuckuck
Cuervo	Krähe
Flamenco	Flamingo
Ganso	Gans
Garza	Reiher
Gaviota	Möwe
Gorrión	Spatz
Halcón	Falke
Huevo	Ei
Loro	Papagei
Paloma	Taube
Pato	Ente
Pelícano	Pelikan
Pingüino	Pinguin
Pollo	Huhn
Tucán	Toucan

Pesca
Angeln

Agua	Wasser
Aletas	Flossen
Barco	Boot
Branquias	Kiemen
Cable	Draht
Cebo	Köder
Cesta	Korb
Cocinar	Kochen
Equipo	Ausrüstung
Exageración	Übertreibung
Gancho	Haken
Lago	See
Mandíbula	Kiefer
Océano	Ozean
Paciencia	Geduld
Peso	Gewicht
Playa	Strand
Río	Fluss
Temporada	Jahreszeit

Piratas
Piraten

Ancla	Anker
Aventura	Abenteuer
Bandera	Flagge
Brújula	Kompass
Capitán	Kapitän
Cicatriz	Narbe
Cueva	Höhle
Espada	Schwert
Isla	Insel
Leyenda	Legende
Loro	Papagei
Malo	Schlecht
Mapa	Karte
Monedas	Münzen
Oro	Gold
Peligro	Gefahr
Playa	Strand
Ron	Rum
Tesoro	Schatz
Tripulación	Crew

Plantas
Pflanzen

Arbusto	Busch
Árbol	Baum
Bambú	Bambus
Baya	Beere
Bosque	Wald
Botánica	Botanik
Cactus	Kaktus
Fertilizante	Dünger
Flor	Blume
Flora	Flora
Follaje	Laub
Frijol	Bohne
Hiedra	Efeu
Hierba	Gras
Hoja	Blatt
Jardín	Garten
Musgo	Moos
Pétalo	Blütenblatt
Raíz	Wurzel
Vegetación	Vegetation

Playa
Strand

Arena	Sand
Arrecife	Riff
Azul	Blau
Barco	Boot
Cangrejo	Krabbe
Costa	Küste
Isla	Insel
Laguna	Lagune
Mar	Meer
Nadar	Schwimmen
Océano	Ozean
Paraguas	Regenschirm
Sandalias	Sandalen
Sol	Sonne
Toalla	Handtuch
Vacaciones	Urlaub
Velero	Segelboot

Profesiones #1
Berufe #1

Abogado	Rechtsanwalt
Astrónomo	Astronom
Atleta	Athlet
Bailarín	Tänzer
Banquero	Bankier
Bombero	Feuerwehrmann
Cartógrafo	Kartograph
Cazador	Jäger
Doctor	Arzt
Editor	Editor
Embajador	Botschafter
Entrenador	Trainer
Fontanero	Klempner
Geólogo	Geologe
Joyero	Juwelier
Marinero	Seemann
Músico	Musiker
Pianista	Pianist
Psicólogo	Psychologe
Veterinario	Tierarzt

Profesiones #2
Berufe #2

Astronauta	Astronaut
Bibliotecario	Bibliothekar
Biólogo	Biologe
Cirujano	Chirurg
Dentista	Zahnarzt
Detective	Detektiv
Filósofo	Philosoph
Fotógrafo	Fotograf
Ilustrador	Illustrator
Ingeniero	Ingenieur
Inventor	Erfinder
Investigador	Forscher
Jardinero	Gärtner
Lingüista	Linguist
Médico	Arzt
Periodista	Journalist
Piloto	Pilot
Pintor	Maler
Profesor	Lehrer
Zoólogo	Zoologe

Rellenar
Zu Füllen

Bandeja	Tablett
Bañera	Wanne
Barril	Fass
Bolsillo	Tasche
Botella	Flasche
Caja	Box
Cajón	Schublade
Carpeta	Mappe
Cartón	Karton
Cesta	Korb
Cubo	Eimer
Cuenca	Becken
Jarrón	Vase
Maleta	Koffer
Paquete	Paket
Sobre	Umschlag
Tarro	Krug
Tubo	Rohr

Restaurante #1
Restaurant #1

Alergia	Allergie
Café	Kaffee
Cajero	Kassierer
Camarera	Kellnerin
Carne	Fleisch
Cocina	Küche
Comida	Essen
Cuchillo	Messer
Menú	Menü
Pan	Brot
Picante	Würzig
Plato	Teller
Pollo	Huhn
Postre	Dessert
Reserva	Reservierung
Salsa	Sosse
Servilleta	Serviette
Tazón	Schüssel

Restaurante #2
Restaurant #2

Agua	Wasser
Almuerzo	Mittagessen
Aperitivo	Vorspeise
Bebida	Getränk
Camarero	Kellner
Cena	Abendessen
Cuchara	Löffel
Delicioso	Köstlich
Ensalada	Salat
Especias	Gewürze
Fruta	Frucht
Hielo	Eis
Huevos	Eier
Pastel	Kuchen
Pescado	Fisch
Sal	Salz
Silla	Stuhl
Sopa	Suppe
Tenedor	Gabel
Verduras	Gemüse

Ropa
Kleidung

Abrigo	Mantel
Blusa	Bluse
Bufanda	Schal
Camisa	Hemd
Chaqueta	Jacke
Cinturón	Gürtel
Collar	Halskette
Delantal	Schürze
Falda	Rock
Guantes	Handschuhe
Joyas	Schmuck
Moda	Mode
Pantalones	Hose
Pijama	Schlafanzug
Pulsera	Armband
Sandalias	Sandalen
Sombrero	Hut
Suéter	Pullover
Vestido	Kleid
Zapato	Schuh

Selva Tropical
Regenwald

Anfibios	Amphibien
Botánico	Botanisch
Clima	Klima
Comunidad	Gemeinschaft
Diversidad	Vielfalt
Especie	Art
Indígena	Einheimisch
Insectos	Insekten
Mamíferos	Säugetiere
Musgo	Moos
Naturaleza	Natur
Nubes	Wolken
Pájaros	Vögel
Refugio	Zuflucht
Respeto	Respekt
Selva	Dschungel
Supervivencia	Überleben
Valioso	Wertvoll

Senderismo
Wandern

Acantilado	Klippe
Agua	Wasser
Animales	Tiere
Botas	Stiefel
Camping	Camping
Cansado	Müde
Clima	Klima
Cumbre	Gipfel
Guías	Führer
Mapa	Karte
Montaña	Berg
Naturaleza	Natur
Orientación	Orientierung
Parques	Parks
Pesado	Schwer
Piedras	Steine
Preparación	Vorbereitung
Salvaje	Wild
Sol	Sonne

Suministros de Arte
Kunst Liefert

Aceite	Öl
Acrílico	Acryl
Agua	Wasser
Arcilla	Ton
Borrador	Radiergummi
Caballete	Staffelei
Carbón	Holzkohle
Cámara	Kamera
Cepillos	Bürsten
Colores	Farben
Creatividad	Kreativität
Ideas	Ideen
Lápices	Bleistifte
Mesa	Tabelle
Papel	Papier
Pegamento	Leim
Silla	Stuhl
Tinta	Tinte

Surf
Surfen

Arrecife	Riff
Atleta	Athlet
Campeón	Champion
Clima	Wetter
Diversión	Spass
Espuma	Schaum
Estilo	Stil
Estómago	Magen
Extremo	Extrem
Fuerza	Stärke
Multitudes	Mengen
Nadar	Schwimmen
Océano	Ozean
Ola	Welle
Playa	Strand
Popular	Beliebt
Principiante	Anfänger
Remo	Paddel
Rociar	Spray

Tecnología
Technologie

Archivo	Datei
Blog	Blog
Bytes	Bytes
Cámara	Kamera
Cursor	Cursor
Datos	Daten
Digital	Digital
Estadísticas	Statistik
Fuente	Schriftart
Internet	Internet
Investigación	Forschung
Mensaje	Nachricht
Navegador	Browser
Ordenador	Computer
Pantalla	Bildschirm
Seguridad	Sicherheit
Software	Software
Virtual	Virtuell
Virus	Virus

Tiempo
Zeit

Ahora	Jetzt
Antes	Vor
Anual	Jährlich
Año	Jahr
Ayer	Gestern
Calendario	Kalender
Década	Jahrzehnt
Día	Tag
Futuro	Zukunft
Hora	Stunde
Hoy	Heute
Mañana	Morgen
Mediodía	Mittag
Mes	Monat
Minuto	Minute
Momento	Moment
Noche	Nacht
Reloj	Uhr
Semana	Woche
Siglo	Jahrhundert

Tipos de Cabello
Haartypen

Blanco	Weiss
Brillante	Glänzend
Calvo	Kahl
Corto	Kurz
Delgada	Dünn
Gris	Grau
Grueso	Dick
Largo	Lang
Marrón	Braun
Negro	Schwarz
Ondulado	Wellig
Plata	Silber
Rizado	Lockig
Rizos	Locken
Rubio	Blond
Saludable	Gesund
Seco	Trocken
Suave	Weich
Trenzado	Geflochten
Trenzas	Zöpfe

Vacaciones #1
Urlaub #1

Aduana	Zoll
Avión	Flugzeug
Billete	Fahrkarte
Coche	Auto
Expedición	Expedition
Itinerario	Route
Lago	See
Maleta	Koffer
Mochila	Rucksack
Moneda	Währung
Museo	Museum
Nadar	Schwimmen
Paraguas	Regenschirm
Relajación	Entspannung
Salida	Abreise
Tranvía	Strassenbahn
Turista	Tourist

Vacaciones #2
Urlaub #2

Aeropuerto	Flughafen
Carpa	Zelt
Destino	Ziel
Extranjero	Ausländer
Fotos	Fotos
Hotel	Hotel
Isla	Insel
Mapa	Karte
Mar	Meer
Montañas	Berge
Ocio	Freizeit
Pasaporte	Pass
Playa	Strand
Restaurante	Restaurant
Taxi	Taxi
Transporte	Transport
Tren	Zug
Vacaciones	Urlaub
Viaje	Reise
Visa	Visum

Vehículos
Fahrzeuge

Ambulancia	Krankenwagen
Autobús	Bus
Avión	Flugzeug
Balsa	Floss
Barco	Boot
Bicicleta	Fahrrad
Camión	Lkw
Caravana	Wohnwagen
Coche	Auto
Cohete	Rakete
Ferry	Fähre
Furgoneta	Van
Helicóptero	Hubschrauber
Metro	U-Bahn
Motor	Motor
Neumáticos	Reifen
Submarino	U-Boot
Taxi	Taxi
Tractor	Traktor
Tren	Zug

Verano
Sommer

Alegría	Freude
Amigos	Freunde
Buceo	Tauchen
Camping	Camping
Comida	Essen
Estrellas	Sterne
Familia	Familie
Jardín	Garten
Juegos	Spiele
Libros	Bücher
Mar	Meer
Música	Musik
Nadar	Schwimmen
Ocio	Freizeit
Playa	Strand
Recuerdos	Erinnerungen
Relajación	Entspannung
Sandalias	Sandalen
Vacaciones	Urlaub
Viaje	Reise

Verduras
Gemüse

Ajo	Knoblauch
Alcachofa	Artischocke
Apio	Sellerie
Berenjena	Aubergine
Brócoli	Brokkoli
Calabaza	Kürbis
Cebolla	Zwiebel
Ensalada	Salat
Espinacas	Spinat
Guisante	Erbse
Jengibre	Ingwer
Nabo	Rübe
Oliva	Olive
Patata	Kartoffel
Pepino	Gurke
Perejil	Petersilie
Rábano	Rettich
Seta	Pilz
Tomate	Tomate
Zanahoria	Karotte

Enhorabuena

Lo has conseguido!

Esperamos que hayas disfrutado de este libro tanto como nosotros al diseñarlo. Nos esforzamos por crear libros de la máxima calidad posible.
Esta edición está diseñada para proporcionar un aprendizaje inteligente, de calidad y divertido!

¿Te ha gustado este libro?

Una Petición Sencilla

Estos libros existen gracias a las reseñas que se publican.
¿Podrías ayudarnos dejando una reseña ahora?
Aquí tienes un breve enlace a la página de reseñas

BestBooksActivity.com/Opiniones50

¡DESAFÍO FINAL!

Reto n°1

¿Estás listo para tu juego gratis? Los utilizamos siempre, pero no son tan fáciles de encontrar. ¡Aquí están los **Sinónimos!**
Escribe 5 palabras que hayas encontrado en los rompecabezas (#21, #36, #76) y trata de encontrar 2 sinónimos para cada palabra.

Escriba 5 palabras del *Puzzle 21*

Palabras	Sinónimo 1	Sinónimo 2

Escriba 5 palabras del *Puzzle 36*

Palabras	Sinónimo 1	Sinónimo 2

Escriba 5 palabras del *Puzzle 76*

Palabras	Sinónimo 1	Sinónimo 2

Reto n°2

Ahora que te has calentado, escribe 5 palabras que hayas encontrado en los Puzzles 9, 17 y 25 e intenta encontrar 2 antónimos para cada palabra. ¿Cuántos puedes encontrar en 20 minutos?

Escriba 5 palabras del **Puzzle 9**

Palabras	Antónimo 1	Antónimo 2

Escriba 5 palabras del **Puzzle 17**

Palabras	Antónimo 1	Antónimo 2

Escriba 5 palabras del **Puzzle 25**

Palabras	Antónimo 1	Antónimo 2

Reto n°3

¡Genial! Este desafío final no es nada para ti.

¿Preparado para el reto final? Elige 10 palabras que hayas descubierto en los diferentes rompecabezas y escríbelas a continuación.

1.	6.
2.	7.
3.	8.
4.	9.
5.	10.

Ahora escribe un texto pensando en una persona, un animal o un lugar que te guste.

Puedes usar la última página de este libro como borrador.

Tu Composición:

CUADERNO DE NOTAS :

HASTA PRONTO !

Todo el Equipo

DESCUBRA JUEGOS GRATIS

GO

↓

BESTACTIVITYBOOKS.COM/FREEGAMES

www.ingramcontent.com/pod-product-compliance
Lightning Source LLC
Chambersburg PA
CBHW081700120626
46550CB00010B/2972